浙江传媒学院新闻传播学（浙江省一流学科）学科建设成果

传播与社会研究丛书　主编 / 邵培仁　副主编 / 黄敏

ZOUXIANG GONGKAI

# 走向公开：

## 中国新闻发布制度化进程研究

贾祥敏 ◎ 著

首都经济贸易大学出版社
*Capital University of Economics and Business Press*
·北 京·

图书在版编目（CIP）数据

走向公开：中国新闻发布制度化进程研究/贾祥敏著.
--北京：首都经济贸易大学出版社，2018.12
ISBN 978-7-5638-2906-4

Ⅰ.①走…　Ⅱ.①贾…　Ⅲ.①新闻工作—研究—中国
Ⅳ.①G219.2

中国版本图书馆 CIP 数据核字（2018）第 302896 号

走向公开：中国新闻发布制度化进程研究
贾祥敏　著

---

责任编辑　彭伽佳
封面设计　大鹏设计
出版发行　首都经济贸易大学出版社
地　　址　北京市朝阳区红庙（邮编 100026）
电　　话　（010）65976483　65065761　65071505（传真）
网　　址　http://www.sjmcb.com
E-mail　publish@cueb.edu.cn
经　　销　全国新华书店
照　　排　北京砚祥志远激光照排技术有限公司
印　　刷　人民日报印刷厂
开　　本　710 毫米×1000 毫米　1/16
字　　数　193 千字
印　　张　11
版　　次　2018 年 12 月第 1 版　2018 年 12 月第 2 次印刷
书　　号　ISBN 978-7-5638-2906-4
定　　价　42.00 元

---

# “传播与社会”研究丛书总序

20世纪70年代以来，整个世界被风起云涌的信息化浪潮所吞没，人们越来越沉浸于由各种纷繁芜杂的媒介所生产的铺天盖地的信息而拟造的“社会现实”当中，工业化社会也渐渐让步于强势出击的信息化社会，这一转变被社会学家丹尼尔·贝尔和未来学家阿温·托夫勒称为“后工业社会”和“超工业社会”的来临。20世纪八九十年代，随着互联网技术在日常生活领域内的应用和普及，“新媒体”和“旧媒体”的分野自此横空出现，“旧”的未衰，“新”的已来。各国学者对于“传播与社会”的关注点也开始从“电子媒体”慢慢转移到新出现的以“互联网”为代表的“新”媒体之上。在此期间经历了由“欧洲社会学”研究进路向“美国主流都市社会学的认识论和方法论”转变的卡斯特，在其“信息三部曲”中大声疾呼“网络社会的崛起”和“千年终结”。“新”媒体所带来的冲击，可见一斑。不管是多元自由主义者还是马克思主义者，不同的学派在对媒体与社会的研究中，不约而同地坚持关注互联网给各国政治、经济、文化、教育等领域所带来的种种变革，坚持观察和测度新媒体所带来的社会结构变更、阶层分化、经济模式改革以及“人”本身在面对媒体升级时的认知、态度和行为变化。1994年，中国正式接入国际互联网络，开启了中国互联网应用生根发芽以至今天开花结果的进程。由此，中国学者也纷纷关注“新媒体”给发展中的中国带来的机遇和挑战。网络民主化进程、网络话语传播、数字鸿沟、互联网+、数字文化产业发展等研究热点层出不穷。

在此背景下，本丛书特别关注国内青年学者对于“传播与社会”研究的最新理论成果，以“新人”碰撞“新媒体”，窥探媒体、传播与中国社会之间的互动和博弈。基于这一目的，本丛书精心挑选国内优秀青年学者之论著，选题覆盖网络政治话语传播、网络社会话语实践、人际传播、国家治理视角下的政治传播以及新媒体产业发展等新兴的研究领域。本着成熟一本出版一本的原则，本丛书先期出版以下专著：

王润博士的《网络公民文化：互联网实践与中国社会》。本书从传播学与政治学相交叉的政治传播研究领域入手，探究传播媒介这一政治沟通的技术载体之于政治社会化、公民政治参与和公民文化建设的社会意义，考察新兴的技术力量和网络新媒体的引入对中国政治文化和民主政治发展带来的社会影响。这一研究议题延续西方政治传播和政治文化研究的路径，立足于中国网络社会，把握互联网技术、网络行为主体与政治结构三者的互构关系，考察互联网时代中国网络公民文化的新内涵和传统政治文化的社会转型，深化互联网实践和社会治理在中国本土的研究。

张咏梅博士的《媒介人性论——基于爱心传播的研究视角》。本书从人的本质角度，阐明媒介的本源，探寻媒介的运行和发展规律，以及人与媒介之间具有的本质相关性。从人的角度看，主要研究人如何在媒介中发挥主体性；从媒介的角度看，主要研究媒介中的人性。作者指出，在信息社会中，随着科技和社会生产力的迅猛发展，媒介的发展，不仅仅受追求自身经济利益动机的驱使，还受他利动机的驱使，这意味着媒介发展的动机将呈现出结构性与层次性的多元化特点；媒介发展的价值标准是经济利益、政治利益和社会公共利益综合价值的最大化。

叶欣博士的《基于人际传播的医患关系建构过程研究——以中美医患对话比较为例》。本书从医患关系最核心和最微观的部分——医患对话——开始，比较中美在医患关系中的医患对话，考察中美在医患关系构建中每个阶段的对话特点和规律，探寻中国医患关系中存在的问题；进而通过比较中美医患对话中的实践模式和经验理论的异同，为构建中国和谐医患关系提供借鉴。

贾祥敏博士的《走向公开：中国新闻发布制度化进程研究》。本书基于政治传播视角，探究其视野下中国新闻发布制度化过程中“透明”观念、规则和实践等三个层面的内容，分析了政府传播与媒介力量、公众角色的博弈与平衡。作者认为，政务新闻发布所体现出的政治系统的信息流动是现代政治传播的价值意蕴，能够起到化解社会冲突、重构社会秩序的作用，但政治、技术和社会因素对新闻发布制度化的综合作用又形塑了其“中国形态”。

曹月娟博士的《企业舆情研究和危机管理》。本书结合企业管理及危机应对的案例，对企业舆情危机产生的原因以及企业舆情危机的应对策略进行了分析研究。作者认为，“企业危机”无处不在，无时不有，无事不入，无人难免。危机管理是一种使危机对企业造成的潜在损失最小化并有助于控制事态的管理方式，是有助于防范、管理和成功应对危机的管理步骤和行动。对企业舆情和危机管理进行研究，可以提高企业的公信力，对于企业发展来说具有非常重要的借鉴意义。

曾海芳博士的《融合的轨迹：中美报业数字化转型的进路》。本书以美国主流报纸《纽约时报》、《华尔街日报》和《今日美国》以及中国人民日报社、浙江日报报业集团为研究案例，从早期技术革新中的报业生产变革、互联网生态中的报业创新、报业移动版的发展路径以及融合背景下的报业编辑部组织结构嬗变入手，探究中国和美国报业在经历数字化转型并走向媒介融合过程中的轨迹。在此基础上，分析中美报业转型轨迹的相似与不同之处，进而提出报业下一步的融合战略。

张玲玲博士的《批判的观众：真人秀节目真实吗?》。本书关注中国电视真人秀节目如何在新旧媒介并存的传播环境中掀起收视狂潮，建构符合中国观众情感结构的真实图景，研究将真实视为一种认同的机制，认为真人秀的真实性认同不仅涉及对观众接受机制的考察，也涉及“媒介—受众”两端的权力博弈与框架协商。在此书中，作者一方面对一线真人秀导演进行深度访谈，观察制作方框架如何在微观层面重构真实性边界；另一方面通过问卷调研揭示中国观众的批判性接受机制，考察观众如何在识别故事建构性的过程中去伪存真。生产场域与收看场域的镜像式观照揭示出一个重要的事实：中国的批判性观众正在崛起，他们将作为一种良性力量，推动未来真人秀去娱乐化而回归真实。

本丛书为浙江传媒学院新闻传播学学科建设成果，由浙江传媒学院新闻传播研究院组织出版，研究院院长邵培仁教授担任主编，常务副院长黄敏教授担任副主编。作为省一流学科新闻传播学学科建设的平台，本研究院秉持本土化、特色化和应用性的发展方向，凝聚多学科力量，以问题为导向，服务“文化大省”建设。学科研究从广播电视理论与业务、传播效果与舆情分析、媒介话语与文化、网络与新媒体四个方向着重探索和研究新闻传播理论前沿问题和发展趋势，从理论和经验两个层次分别探讨本学科普遍关注的热点、难点和潜在的理论突破点，力求在理论研究上有所贡献，并为政策制定提供科学指导。学科研究目前在应用性研究方面优势地位明显，在理论性研究方面寻求重点突破，正努力建成省内领先、国内一流、国际上有较大影响力、应用性特色明显的新闻传播学科。希望本丛书的出版，能够为本学科、本研究院的建设添砖加瓦。

媒介、传播同社会变革与发展息息相关，三者有千丝万缕的联系，牵一发而动全身。本丛书试图管中窥豹，以“新”心态看待新形态，不足之处，请业内专家学者指正。

浙江传媒学院新闻传播学科建设领导小组
浙江传媒学院新闻传播研究院
2018年9月

# 序　言

贾祥敏博士的《走向公开：中国新闻发布制度化进程研究》一书就要付梓出版了。这本专著是以贾祥敏在复旦大学新闻学院攻读博士学位的毕业论文为基础，结合她这些年来在大学执教的新思考和新研究得以完成，其间倾注的学术心血是很多的。我作为贾祥敏的博士生导师，对于她第一本专著的出版感到由衷地喜悦，并表示诚挚地祝贺！

改革开放以来，经过十余年的孜孜探索和不断实践，中国新闻发布制度建设已经推进到一个崭新的阶段。新闻发布制度已经成为我国推进民主政治建设的重要战略，成为推进国家治理体系和治理能力现代化的重大举措。尤其是党的十八届三中全会提出“推进新闻发布制度建设”的重大决策以来，我国的新闻发布制度建设又上了一个新台阶。我们今天应当有足够的文化自信来建构“有中国特色的新闻发布理论体系”。

正是在这一重要背景下，贾祥敏博士的专著《走向公开：中国新闻发布制度化进程研究》汇入了建构“有中国特色的新闻发布理论体系”的历史进程，其“生正逢时”的意义是相当突出的。这本专著从观念、制度和经验三个层面全面论述了我国新闻发布制度建设问题，特别是对我国2003年以来的新闻发布制度进程进行了相当深入的探讨。在我所指导的博士论文中，已有两位博士专门研究过我国的新闻发布工作，分别是《中国政府新闻发布制度研究》（李晓虎，2007年）、《突发事件政府新闻发布的传播效果研究》（于晶，2010年），这两篇博士论文都从不同角度很好地切入了新闻发布研究，而贾祥敏博士对我国新闻发布理论的研究则紧紧围绕“制度化”这个角度，使其呈现出自己鲜明的学术特点。这本专著对“制度化”研究所关注的若干个重点，如“动态过程”“全面建构”“中国特色”等，都很好地体现出作者在建构“有中国特色的新闻发布理论体系”中的深刻思考和创新追求。

提及上述这些，我也深感贾祥敏在复旦大学攻读博士学位时“得天独厚”的研究环境和“倾力而为”的研究付出。复旦大学是全国最早参与到我国新闻发布制度建设中来的高校之一。2004年，在时任国务院新闻办公室主任赵启正同志的倡议下，在复旦大学和清华大学两所著名的高校设立了“国务院新闻办公室省部级新闻发布评估组”，我有幸担任这个“评估组”的负责人。十五年来，在国新办的领导下，这个“评估组”在国新办的新闻发布评估、新闻发布调研、新闻发布研究、新闻发布培训等方面都做了大量的工作，取得了许多的成绩。而贾祥敏攻读博士学位的三年，恰恰有了深度参与这些重要工作和具体实践的大好机会，这为她完成这本专著提供了不可多得的“源泉”，而且她在获得博士学位到高校任教后，也一直与“评估组”保持着密切的工作联系和业务实践。

建构“有中国特色的新闻发布理论体系”既是一个理论完善的过程，也是一个实践发展的过程。进入新时代的中国，进行新时代的新闻发布制度建设，需要有更多的优秀学者参与到这一宏业中来。我期待着贾祥敏博士在这方面继续奋力前行，再出佳作、力作。

孟建①

2019 年 9 月 1 日于复旦大学

① 孟建，复旦大学新闻学院教授、博士生导师，享受国务院特殊津贴专家。现任国务院新闻办公室省部级新闻发布评估组组长、复旦大学国家文化创新研究中心主任、复旦大学国际公共关系研究中心主任。

# 前　言

2018 年 12 月 24 日，国务院新闻办公室网站上同时公布了 2019 年中央和国家机关有关部委、各省（区、市）党委和政府共 231 位新闻发言人中英文两份名录，其中还包含了部门名称、职务和新闻发布工作机构电话，这是该网站继 2017 年之后第二次集中发布新闻发言人名录。2019 年是中国新闻发布制度化建设的第 15 年，本书以中国新闻发布建设进程为研究对象，欲勾勒在政治传播视野中这一值得大力书写的有关制度安排的观念、机制与传播实践图景，在政治传播理论和经验事实基础上对中国新闻发布制度进行总体分析。

如果把这项制度的 15 年进程分析算作一个简短历史书写的话，那么最终目的是探究在国内外形势风云变幻的大背景下，我们究竟该如何理解身边的信息公开行为和现象，理解之后要追问什么，这也契合梁启超史学理论研究的观察："使国民察知现代生活与过去、未来之生活息息相关。"① 中国新闻发布制度从"无"到"有"，既是中国政治体制改革的副产品，也是推动政治体制改革"透明"走向的引擎。相对于其他类型的政治体制改革，新闻发布的制度安排和体制建设属于"增量"范畴，可供发挥的空间相对广阔。目前，针对中国新闻发布制度的研究文献已有不少，特别是近十几年来，越来越多的研究者关注"新闻发布制度"或"新闻发言人制度"，研究总量不断增多，研究成果特点突出：一是侧重历史依赖路径，注重梳理政府新闻发布的历史源流与内在发展；二是侧重"术"的层面，注重新闻发布的实务操作。但是也存在研究视角重合、"技术"研究较多、系统性研究缺乏等问题。本书尽可能取长补短，从理论层面审视新闻发布制度的"实然"与"应然"，或可对我国新闻发布进程的阶段性研究贡献微薄之力。

关于中国新闻发布进程及制度的政治思考，一方面源于政治学中的制度分析方法。制度分析将政治制度中涉及的宪法和法律等正式文件、相关

---

① 梁启超. 中国历史研究法［M］. 石家庄：河北教育出版社，2006：6.

政治信念和惯习等非正式文件都作为研究资料，在对其进行收集、整理和提炼的基础上，从机构或制度出发分析特定社会的政治价值，进而从政治价值出发来设计与分析符合某种目的的政治制度或机构。另一方面也涉及其他常见的社会科学研究方法，主要有以下三种：①文献分析法。除与研究主题相关的一般理论文献外，笔者也重点关注了2003年以来大量的政府文件，包括政府工作报告、地方信息公开法规政策、新闻改革方面的文献等，并通过网站、内部研究报告等渠道，详细分析了涵盖新闻发布制度建设的相关资料。②个别访谈法。笔者曾多次深入一线新闻发布工作部门进行调研、访谈，致力于从理论视角观照现实，再从现实回归理论考察。③参与式观察法。笔者通过参与某部门一线的新闻发布工作，深入观察，不但获取了很多一手资料，而且在提炼理论观点的同时融入了更多的个人体验。

全书共分为六章。第一章绪论部分主要探讨研究主题展开的依据，突出本书的问题意识，并回顾了国内外新闻发布研究的不同视角。第二章从大脉络上勾勒了中国新闻发布制度的观念由来和运行逻辑。大脉络意味着不仅将新闻发布制度限定于以媒体为研究中心，更将新闻发布制度置于政治现代化的时代语境中，进而探讨该制度在政治传播视野下与更广泛的实践因素发生的关联。第三章研究具体新闻发布制度下的发布主体行为，包括政治传播与媒体实践的关系、新闻执政的现实意义等问题。第四章主要审视15年来新闻发布制度的建设历程，从“是什么”的实然角度分析发生了什么。通过经验材料发现，虽然经过建设初期的“黄金时代”，具有“明星光环”的发言人一时间在聚光灯下十分活跃，国家层面也一直大力、持续地推动着制度的发展，但是制约制度的瓶颈逐渐显现，出现了对制度本身“合理性”的质疑，这些问题如何应对为后面对其未来的思考埋下了伏笔。第五章探究发布者、媒体和公众三方力量在新闻发布制度化进程中的力量博弈。第六章总结了中国新闻发布制度存在的问题，梳理新闻发布工作中值得关注的六大关系，并从应然层面对未来新闻发布制度化建设做出进一步的思考。

本书的创新之处主要有：

1. 结合传播学和政治学等多学科理论，探索政治传播这一正在建构中的学科视域中官方、媒体与公众之间的关系。

2. 全力聚焦中国新闻发布制度化大力推进的15年进程，以中国新闻发布体系建设为研究对象，而不仅仅是政府或政党的新闻发布，弥补以往论著对此研究不足的缺憾。

3. 注重理论和实践的双重观照。制度化进程始终是规则条文落实的过程，本书从现实经验出发，结合现代政治语境，力求为探索适合中国新闻发布制度化未来的发展道路做出一些努力。

# 目　录

# 第一章 绪论

## 第一节 问题由来

本书的问题意识首先来源于中国新闻发布中的政治行为与传播实践。2013年,《中共中央关于全面深化改革若干重大问题的决定》提出“推动新闻发布制度化”，为何起步于20世纪80年代的该项制度在当下中国被着重提出，并且是首次以党的全会形式提出？其次来源于笔者对近十年来中国应对重大公共事件方面变化的思考——从制度设计到现实运作如何形塑了“新宣传”？再次来源于当下多个学科对中国现代新闻发布制度的讨论与关注。最后来源于站在国际舆论场中心的大国形象如何与“透明国际”相接轨的思考。在撰写过程中，笔者始终带着这样的疑问：置于何种理论视角最能够审视中国现代新闻发布制度进程？学界苦苦探索的政治传播理论视角对此有何借鉴价值？政治传播领域视野中的政府、媒体和公众又在该项制度建设过程中扮演着什么角色？改革开放40年来，为什么偏偏在2003年新闻发布才走上真正的“制度化”道路？换句话说，不亚于“非典”的其他突发公共卫生事件为什么没有“倒逼”这项制度的产生？该制度在发展过程中本身又面临着哪些新的挑战？为何在国外媒体尚未质疑中国新闻发布制度建设的合理性之时，国内舆论先后出现三次质疑风潮？未来的新闻发布制度如何更好地对接全面深化改革？正是基于对这些问题的不断追问，本书展开了对中国新闻发布制度建设的思考。

“血脉不通则病；学术不通则陋；道路不通，故秦越之视肥瘠，漠不相关；言语不通，故闽粤之与中原，邈若异域。惟国亦然。”（梁启超，1896）100多年前，梁启超先生所论述的“上情下达、下情上达”的报纸时代与多媒体共存的今天固然不可同日而语，但是对信息畅达社会的想象却透露出这样一种情怀，即近现代中国需要“透明化”建制，推动这一进程的驱动力不仅来自国际社会大趋势的影响，更包含着制度的顶层设计思路和国内媒体、公众等多重因素。旨在建立沟通官方、媒体及社会公众之间关系的新闻发布制度出现后，对变革中的中国，信息“硬性”普遍不通的情形已经不复存在，这首先缘于2003年“非典”疫情暴发后中国迅速启动的新闻发布制度化建设。然而“软性”的不通情形依然“道阻且长”，机制运作过程中依然问题重重，推动和掣肘并存。就整个国家漫长的发展历史来说，十余年时间不足为道，但是就中国“压缩式”的现代化进程来说，这段时间已经足够书写很多“中国故事”。

## 第二节　交叉视野中的新闻发布制度及制度化研究

制度与制度化是不能等同的，前者属于对原则、机制、约束等方面进行静态的、规范的剖析，而制度化则是强调推广、扩散等动态进程的，关注涉及其中的复杂的多重关系的分析。道格拉斯·C. 诺斯认为：“制度是一个社会的博弈规则，或者更规范地说，它们是一些人为设计的、形塑人们互动关系的约束。从而，制度构造了人们在政治、社会或经济领域里交换的激励。”① 亨廷顿认为：“制度就是稳定的、周期性发生的行为模式”②；而制度化更多的是对某一项政治行为过程的动态化审视，“是组织和程序获取价值观和稳定性的一种进程”③，是群体和组织的社会生活从特殊的、不固定的方式向被普遍认可的固定化的模式转化的过程，是整个社会生活规范化、有序化的变迁过程，它表示个人、组织行为符合社会规范的程度及过程，表现为社会组织由非正式系统发展到正式系统、社会制度从不健全到健全的过程。④ 按照制度

---

① 道格拉斯·C. 斯诺. 制度、制度变迁与经济绩效［M］. 杭行，译. 上海：上海三联书店，2008：51.

② 塞缪尔·P. 亨廷顿. 变化社会中政治秩序［M］. 王冠华，刘为，译. 上海：上海人民出版社，2008：3.

③ 关于制度和制度化的定义和讨论，见塔尔科特·帕森斯《社会学理论文萃》；查理士·P. 鲁米斯“社会变迁和社会制度”（载于爱德华· A. 梯里亚坚所编《社会学理论、价值标准和社会文化变迁》）。研究现代化问题时，“制度化”一词的概念既有原来的含义，又有不同的含义，可参见S. N. 艾森斯达，转引自塞缪尔·P. 亨廷顿. 变化社会中的政治秩序［M］. 王冠华、刘为，译. 上海：上海人民出版社，2008：12.

④ 夏征农，陈至立，主编. 王邦佐，邓伟志，编. 大辞海·政治学·社会学卷［M］. 上海：上海辞书出版社，2010：387.

和制度化不同视野划分，可以很清晰地看到既有研究文献对我国新闻发布关注的不同取向。

“非典”疫情暴发后，我国迅速建立了新闻发布制度。政界和学界对此的关注也逐渐增多，截至2019年7月，专门研究“新闻发布制度”或“新闻发言人制度”的博硕论文有1 400余篇，相信这一数字在未来将不断增长，讨论视角多元，观点见仁见智。这些研究取向很大程度上与新闻发布制度这个多学科交叉相融的研究对象有关，在现代社会人文学科领域，不同学科之间的理论、方法及结构交叉相融、相互借鉴早已成为不争的事实。就新闻发布制度而言，法学领域关注新闻发布制度相关规范的制定，法学视角下的新闻发布制度是一种法律现象，制度化推进过程成了立法、守法和执法的过程；公共关系学领域侧重发布主体如何利用新闻发布制度打造“阳光政府”形象，进而关注如何实现双向沟通的政治活动；管理学领域涉及政党或政府对信息的发布层级和问题调试。在诸多学科中，政治学、传播学、政治传播学对新闻发布及其制度的研究相互交融，共同提供了一个有趣的研究视角，政府沟通、传播效果、公众参与等成为关键词。

## 一、制度主义视角下的新闻发布研究

制度主义视角下的新闻发布研究首先涉及“制度”本身，这就不得不回到政治科学中的“元制度”。美国政治学家罗伯特·达尔把政治体系定义为：任何重大程度上涉及控制、影响力、权力或权威的人类关系的持续模式。① 从政治学视角来看，新闻发布制度就是这样一种人类关系采用何种方式和途径保持持续沟通的模式。政治科学主要分为两个阶段：旧制度主义和新制度主义。盖伊·彼得斯将旧制度主义的特征总结为以下五点：①将法律研究作为政治知识的基础。②重视结构的作用。③整体主义。④历史主义。⑤规范分析。旧制度主义带有欧洲大陆制度研究传统和德国国家法研究的基因，主张政治科学的研究任务就是描述国家运行中所涉及的一系列制度问题。“只要他们能够描述清楚一个国家中决定权力分配的制度或规则，就获得了关于政治机构如何运转的准确理解，就弄清了政治运作的总体规律。”② 这导致早期的大批政治学研究主要探索以宪法、法律和机构为代表的政治制度，此类研究

① 罗伯特·A. 达尔. 现代政治分析［M］. 王沪宁，陈峰，译. 上海：译文出版社，2010：387.
② 孙关宏，胡雨春，任军锋. 政治学概论［M］. 上海：复旦大学出版社，2008.

预设了一个容易让人忽视的前提——研究对象单一化，即只有发达国家具有正规的政治制度，通过对这些发达国家政治制度的解剖和分析能够认识到人类政治运作的总规律。虽然旧制度主义视角下政治科学研究的内容既有宏观的国家政治制度，也有某一项具体的政治制度，但是旧制度主义的基本点始终是通过“制度”了解政治运作规律。那么，是否可以通过新闻发布制度了解中国政治运作的规律呢？这是一个值得深思的问题。随着旧制度主义既有缺陷的日益显现，不断有新的思想对其进行修正和纠偏。

20 世纪初行为主义诞生之后，政治科学深受影响，开始强调研究方法的科学化，并指向个体的政治行为。拉斯韦尔早期的政治学研究就认为，政治科学是对少数个体行为进行研究的活动，“政治学是对权势和权势人物的研究”①。权力代替政治制度成为理解政治内涵的重要线索，而政治研究中的价值、文化因素和判断逐渐被忽略。行为主义填补了彼得斯眼中旧制度主义“结构过于强大”以致压缩个人影响的缺陷。与此同时，理性选择理论修正了旧制度主义中的历史主义和整体主义，它把制度界定为规则和动机的集合，构成个体行动的方向标，人们的一切政治行为都建立在理性判断和选择的基础上。政治行为中经济动机和计算共同发挥作用，与社会和心理的特征毫无关系。总之，20 世纪 50 年代至 70 年代盛行的行为主义和理性选择取向导致政治学研究偏向个人的政治行为和实证研究。

20 世纪 70 年代末出现了新制度主义。新制度主义首先产生于美国政治学界，它既反对行为主义完全从个体的行为分析出发，也反对早期制度主义对制度简单而静态的描述。新制度主义认为，整体制度不是个体行为的简单相加，而是动态的和不断演变的。从个体和制度的相互关系出发，新制度主义强调对个体的行为和观念与制度变迁的相互关系进行研究，并在政治学中形成了三种新的制度研究路径：历史制度主义、理性选择制度主义、社会学制度主义。美国政治学界兴起了驱除以个人为核心的行为主义和理性选择理论的风潮，以马奇与奥尔森为代表②，他们批判建立在行为主义和理性选择理论上的政治科学研究取向，将之总结为背景论、化约论、功能主义、功利主义、工具主义五大特征。特别是在批判工具主义研究取向时，认为政治学研究倾

---

① 哈罗德·D. 拉斯韦尔. 政治学：谁得到什么？何时和如何得到？［M］. 杨昌裕，译. 北京：商务印书馆，2000.

② B. 盖伊·彼得斯. 政治科学中的制度理论：新制度主义［M］. 3 版. 王向民，段红伟，译. 上海：上海人民出版社，2016.

向于把决策和资源分配看作政治生活关注的中心，而较少关注到政治生活围绕着意义的展开，通过符号、仪式、典礼组织起来。新制度主义者提倡从集体生活和集体行动的角度研究政治学，讨论集体行动及其社会经济背景之间的双向关系，并提出了有效解释政治生活的六种秩序，历史秩序（即历史条件和历史情景的变化可能引出时间进程的多样性和历史的无效率性）、时间秩序（随着时间变化而出现的前后事件之间可能是一种偶然性组合，并不必然带有逻辑联系）、内生秩序（存在于制度内部并受到制度作用的政治过程本身可能会产生某种意外的后果）、规范性秩序（有某种规范性的信条而不是理性和计算引出的秩序）、人口统计学秩序（某些职业和专业标准可能会引出不以单纯的个体利益为取向的秩序）、符号性秩序（某些象征性符号渗透于政治过程中的各个方面，并由此形成某种围绕符号本身的秩序）。[①] 普林斯顿大学的威廉姆·罗伯茨·克拉克（William Roberts Clark）教授对新制度主义进行了二分法。他指出，如果按照严格的方法论标准来界定，新制度主义只有两个流派：以行动者为中心（agency-centered）的新制度主义和以结构为基础（structure-based）的新制度主义。[②] 前者强调行动者的主动性意向和结果，后者强调个体行动者受到结构制约。

不管是旧制度主义还是行为主义和理性选择对政治科学的实证研究和计算取向的影响，抑或后来新制度主义对符号性秩序的强调，都对研究当前中国新闻发布制度化进程提供了很好的启示。从制度变迁层面而不单单从“媒介中心论”的立场或策略层面出发，会让本论题更立体化。制度主义视角下新闻发布制度的考察最终面对的问题是研究和考察制度本身的作用力大小和具体机理。当新闻发布制度作用非常强大时，其机制运作和危机应对比较成熟和稳定，观念和个人行为的空间会相对小一些。当该制度还处于发展中或作用力较小，制度本身还面临着多重纠偏和实验时，观念和个人行为的空间就会很大。如果要从制度主义框架下寻求答案，可能情况不是很乐观，因为“在被称为新制度主义的三种分析途径及其汇合潮流中，他们都重点研究的是制度与观念和制度与理性行为的互动关系，并利用这种互动关系的研究来考察制度的产生与变迁。他们这种研究的最大缺陷就在于，没有能够深入制度

① James G. March, Johan P. Olsen. 新制度主义：政治生活中的组织因素//新制度主义政治学译文精选［M］. 何俊志，认军锋，等，译. 天津：天津人民出版社，2007.

② William Roberts Clark, Agent and Structures. Two Views of Preferences, Two Views of Institutions［J］. International Studies Quarterly, 1998.

的内部去研究制度的内在机理”①。无论对某一个国家的制度而言，还是对国家的某一项制度而言，如果不对制度的内在机理进行深入研究，就不可能全面考察制度、观念、实践、扩散之间的关系。在目前大多数制度主义视角下的研究文献中，制度的作用都被置于非常重要的位置，很大程度上是因为他们的研究对象被预设在相对成熟的政治环境中。对制度不太成熟的国家而言，不管是理性选择理论还是社会学制度主义理论，都面临着重新建构的问题。综前所述，制度主义视角下的“制度研究”通常针对的是以国家、民族为单位，很少以国家或民族内部的某一项制度作为研究对象，那么，是否可以通过新闻发布制度了解信息公开制度运作工作规律，以小见大呢？本书试图对此进行拓展。

## 二、信息公开视角下的新闻发布研究

信息技术的加速发展不仅带来了资本的全球化，也使政治、文化层面的全球化进程不断加快，“透明国际”就是这样一种伴生物。不少学者早就从政府信息公开的视角展开论述，认为“中国现代政府新闻发布制度的理论来源首先是知情权和信息公开”②，而这种“政府信息公开是作为现代社会一种民主制度，一种行政行为与行政文化，社会公众的一种生活方式存在的”③，新闻发布制度化其实就是将不成文的、主观随意性大的政治生活纳入“法制化”“公开化透明化”范畴。

信息发布走上法制化道路也并非一蹴而就，1992 年冷战结束后，政府信息发布法制化就成为一种世界潮流④，因为政府信息公开是推动党务信息公开以及党内民主建设的机制保障。至于政府信息公开产生的动力机制，王勇从宪法学角度给出了详细论证，并界定了政府信息公开的主体、范围、原则等相关内容。⑤ 信息公开救济成为法学界探讨的问题之一。有学者认为，我国的政府信息公开可以追溯到上古时期的《尚书》，其中《尚书·盘庚》三篇可以作为了解中国上古时期政府信息公开行为的重要文献。⑥ 赵正群等人的著作

① 何俊志. 新制度主义政治学译文精选［M］. 认军锋，等，译. 天津：天津人民出版社，2007.

② 孟建，李晓虎. 中国政府新闻发布制度的理论探析［J］. 现代传播，2007（3）.

③ 杨霞. 政府信息公开实现条件研究［M］. 北京：首都师范大学出版社，2006.

④ 徐琴媛. 中外新闻发布制度比较［M］. 北京：中国传媒大学出版社，2005.

⑤ 王勇. 政府信息公开论［D］. 中国政法大学，2005.

⑥ 赵正群，胡锦光，王锡锌，等. 政府信息公开法制比较研究［M］. 天津：南开大学出版社，2013.

详细梳理了中国的知情权和政府信息公开从理念形成到制度落实的发展历程。早在2001年，中国人民大学信息资源管理学院杨霞博士就已将“政府信息公开”作为博士论文的研究方向。朱春霞认为，1949年后，中国信息公开经历了萌芽阶段、初步形成、制度转型时期、稳步发展时期四个阶段。杜俊飞①专门梳理了2003年到2008年我国政府信息公开的进步轨迹，从2003年1月1日《广州市政府信息公开规定》正式实施，到2008年5月1日《中华人民共和国政府信息公开条例》开始实施，都明确规定了政府在相关信息公开中的职责，新闻发布制度不断完善。

以上研究的共同点在于逻辑起点都是从信息公开的主体（即国家管理者）出发，从与之相对的另外一个主体——公众角度的研究进程也在跟进，在信息公开范畴内，第一个与公众密切相关的概念就是“知情权”。第二次世界大战结束后，“知情权”一词被各国广泛引用，并很快成为一个具有国际性的权利概念。不过总体来看，在美国和苏联冷战的近40年时间里，许多国家都以保护国家安全的名义，只向公众发布部分信息，而不将其拥有的大部分信息向公众发布，也正如美联社执行编辑凯瑟琳·卡罗尔（2009）所声称的，政府对信息的控制还是相当严密的。② 有学者认为中国的《政府信息公开条例》标志着知情权的系统性法律保障正式形成。从法律意义上讲，信息公开包含两个层面的问题，一是政府主动公开，二是依申请公开，是政府和公众两个层面的问题。虽然从理念先行到制度保障，知情权在中国的引入是一个成功的典范③，但是信息公开仍存在不足，政府部门为信息公开设置障碍，增加了申请人的申请成本④。

除了研究视野对公众画像的关注，群体也成为重要的研究对象。2003年，由于“非典”疫情的刺激，再加上经济全球化浪潮的外部冲击和政治经济体制改革内在要求之双重压力的推动，“中国新闻发言人群体脱颖而出”⑤。“正是这场使我国成为21世纪第一次全球公共卫生危机的主角的‘非典’风波，

---

① 杜俊飞，周海燕，袁光锋，等. 公开时刻：汶川地震的传播学遗产［M］. 杭州：浙江大学出版社，2009.

② Kathleen Carroll, Journalism's Role: Freedom of Information in the Digital Age［EB/OL］. http://v.163.com/movie/2010/8/P/9/M7AO8838I_M7AOA92P9.html.

③ 陆幸福. 知情权的中国实践——政府信息公开与司法公开为考察对象［M］. 北京：法律出版社，2012.

④ 李林，中国法治发展报告［R］. 北京：社会科学文献出版社. 2012.

⑤ 陈宗林. 新闻发言人群体脱颖而出［J］. 开放潮，2003（Z1）.

暴露出我国政府信息资源管理严重滞后的不足，也使公众对政务信息公开有了更加深刻的认识，从那以后，立法速度大大加快了。”① 随着2004年新闻发言人制度以国务院、国务院各部委和地方政府三个层面在国内广泛确立以来，相应的新闻发言人制度也逐渐建立，有学者认为，2007年党委新闻发言人的建立甚至比政府新闻发布更受瞩目。② 还有不少学者开始关注全媒体生态下的网络新闻发言人研究，比如，南京市政府新闻发言人曹劲松近几年撰写的一系列关于此的文著就专门探讨了关于政府网络新闻发布的问题，他从地方宣传实际工作出发，认为既要学会运用互联网进行宣传和舆论引导，又要加强对互联网信息传播的有效管理，同时积极应对互联网上传播的负面热点事件，使互联网成为密切党和政府与人民群众血肉联系的桥梁和纽带。③

信息公开最终还是要通过某一种形式才能落实，涉及系统的信息公开和交流，那么就有必要研究传播渠道的应用，近年来，数字媒体在我国的发展方兴未艾，“三微一端一网站”几乎成为新闻发布的重要平台，但也不能忽略传统新闻发布会不可替代的重要作用。有学者认为新闻发布会不是“会”，而是一种公共服务产品。对包括新闻发布会在内的政府传播现象，已有学者从公共物品理论、公众知情权理论等公共行政学范式加以讨论，例如，有人认为政府传播产生的基础是公共信息作为公共物品的有效供给和社会共同价值的推行。④

## 三、新视阈：政治传播⑤与新闻发布

从政治传播的视野观照中国新闻发布制度，首先要明确何谓“政治”，何谓“政治传播”。亚里士多德说，“人是天生的政治动物”，人所从事的任何

① 王亦君. 政府信息公开立法十年破冰：非典风波促立法加快［EB/OL］. http：//news.xinhuanet. com/legal/2007-04/25/content_ 6023413. html.

② 胡怀庭，赵新乐. 关于建立党委新闻发言人制度的思考［J］. 新闻与写作，2009（1）：35-37.

③ 曹劲松. 政府网络发布［M］. 南京：江苏人民出版社，2010.

④ 田军. 政府传播概念探析［J］. 学习与探索，2004.

⑤ 20世纪60年代，政治学家多伊奇率先提出研究政治传播（Political Communication），但是在引介到国内时，有“政治沟通”“政治交流”“政治传播”等多种译法。有学者认为，政治传播和政治沟通在使用语境上略有不同，政治传播是就政治系统输入、输出的全过程而言的，而政治沟通强调的是信息发出者与接收者之间的对话过程。荆学民与段锐在《政治传播的基本形态及运行模式》一文中认为，政治沟通、政治宣传和政治营销构成了政治传播的三种形态。本书认为，政治沟通是政治传播学研究的早期阶段，有很强的承继性和发展性，因而本书采用目前较为常用的“政治传播”一词。

信息传播行为都涵盖在政治传播内。但是马基雅维利之后，“现代政治与神权政治下的那些牵扯在一起的道德、宗教意识分开”①，政治学的研究也开始了现代化步伐。现代意义上的政治传播就等于“政治+传播”吗？部分学者坚决不能同意这个判断，但现有不少关于政治传播的研究成果却恰恰遵循着这样一条公式。政治概念本身模糊而宽泛，对美国著名的政治学家阿尔蒙德来说，他更愿意用政治系统、功能、角色等新的概念术语代替国家、权力、职位等传统的政治学术语，他认为政治系统由相互作用的政治结构组成②，概念的变化不只是停留在字面，背后的深层含义是：政治需要交流互动。

在西方，政治传播学和传播学同根同源③，最初研究旨趣都聚焦于大众媒介效果，甚至先驱和奠基人都是同一批学者。如李普曼的公共舆论研究、拉斯韦尔的宣传分析、拉扎斯菲尔德的伊利县研究等，换言之，被传播学者施拉姆视作四大奠基人中的拉斯韦尔、拉扎斯菲尔德和霍夫兰三个人都是从政治传播研究起家的。随着大众传播媒介的发展，围绕传播媒介——报纸、杂志、电视、广播等的效果研究成为主流传播学的重要内容。例如，电视的普及促使政治传播学者对议程设置过程中的间接媒体效果进行研究。大众媒介效果研究常常涉及政治行为变化的因变量，如投票选择，这使传播学成为人文学科里逐渐独立的一门科学。政治传播领域最初集中在个人层面的因变量。例如，社会科学领域里研究大众传播效果的重要工具制造者（Toolmaker）拉扎斯菲尔德在伊利县开展的调查研究中就精心设计了一系列测量公众态度和行为的工具。相比之下，对政治传播的关注，如不活跃、不知情的公众，多是在社会层面上。大多数政治行动和权力关系都是在社会或其他系统层面上运作的，而大量的经验理论和研究则集中在公民个人的行为上。④

政治传播的系统性研究兴起于 20 世纪 60 年代，是继传播学作为一个专

---

① 曹沛霖. 制度纵横谈［M］. 北京：人民出版社，2005.

② 阿尔蒙德·小鲍威尔. 比较政治学［M］. 曹沛霖，译. 上海：译文出版社，1987.

③ 从一个有趣的侧面也可以看出政治传播学和传播学的同一性：第一个大众传播方面的博士课程是在美国中西部有着大片政府赠予地的大学中创建的，而非在常春藤名牌大学，后者抵制建立有组织的机构来提供传播学研究。参见罗杰斯. 传播学史：一种传记式的方法［M］. 殷晓蓉，译. 上海：上海译文出版社，2002.

④ Evertt M. Rogers. Theoretical Diversity in Political Communication [M] //Lynda Lee Kaid. Handbook of political communication research. Lawrence Erlbaum associates. New Jersey, London: Mahwah, 2004.

门学科创立后才发展起来的。[①] 政治传播早期研究开拓性学者之一卡尔·多伊奇将信息论和控制论的基本原理运用于政治学领域而形成的一种独特的理论模式和研究方法，即以政治系统为研究对象，把政治系统的整个运行过程看成信息交换和控制过程，集中研究政治系统中的决策活动及其信息沟通；并借用斯宾塞的社会有机体比喻，将国家形象地比喻为生命有机体，信息沟通系统构成其神经系统，国家体系的各个子系统之间通过它来建立紧密关联，政府通过信息沟通来追求、实现政治目标。[②] 多伊奇认为，政府和政党在某些方面同人造沟通设备非常相似，决策控制的政治系统或网络依赖于沟通过程。最重要的是，所有政府如同沟通系统一样依赖于信息流通的过程。多伊奇进一步将政治系统的输入、输出过程转化为政治信息的传递过程。政治系统即决策系统（Decision System），其全部政治活动就是政治信息如何由决策系统向环境中具有能动性的受众（Reciver）输出，而受众又是如何将支持和要求的反馈输送给决策者的，这个过程就是政治传播（Political Communication）的过程。[③]

1973 年，国际传播协会（ICA）成立了政治传播部，为来自不同学科的志同道合的学者提供了平台。1974 年，由 ICA 政治传播部推动的《政治传播》创刊，这也是政治传播学科不断成熟的标志之一。政治传播研究的主要范畴包括话语修辞分析、宣传技巧、态度改变、选举与投票行为研究、政府媒体研究、功能与系统分析等。此后，政治传播作为一个重要的理论流派日益受到西方政府和学界的高度重视。尽管社会科学领域在 20 世纪 70 年代后期起对科学主义和社会有机体比喻进行了反思，早期政治传播分析运用控制论和信息论原理对政治系统输送、获取、存储和处理信息的过程进行解释的

---

① 其中最具代表性的著作有卡尔·多伊奇的《政府的神经：政治传播与控制的模式》（1963）、拉斯韦尔和爱略拉合著的《政治传播：印度和美国政治名流所用的公用语言》（1969）、杳费的《政治传播：研究的问题与策略》（1975）和林谋的《政治传播与美国舆论》（1978）。到 20 世纪 80 年代初，政治传播研究的基本理论得到了完善，出现了直接运用政治传播理论分析政治体系的著作。施瓦森与尼莫在 20 世纪 90 年代主编的《政治传播指南》一书详细介绍了选举传播、政治广告、政治辩论、政治新闻、政府与媒介关系等内容。丹·尼谋和戴维·斯旺森合著的《政治传播新动向》提出政治传播研究要克服选举中心论，扩展了政治传播研究的新领域。麦克奈尔的《政治传播学概论》（1996）、富兰克林的《包装政治》（1998）、诺里斯的《后工业时代的政治传播》（2000）、琳达·L. 凯德的《政治传播研究手册》（2004）、罗伯特·M. 恩的《媒介化政治：政治传播新论》（2011）等著作对政治传播做了更深入的理论探讨。

② Karl W. Deutsch. The Nerves of Government [M]. Free Press of Glencoe. 1963.

③ Robert G. Meadow. Politics as Communication [M]. Norwood, N. J.: Ablex Publishing Corporation, 1980.

研究方法逐渐式微，但是政治传播独特的理论视角，特别是将政治系统视作一个目标导向的理性系统，仍然具有非常重大的方法论意义。

布赖恩·麦克奈尔在《政治传播学引论》一书中将政治传播定义为关于政治的有目的的传播。他认为，“政治传播是所有政客及政治行动者为求达到目的而进行的传播活动”，以及“所有非政治行动者对政治行动者做出的传播活动，所有在媒介中涉及以上政治行动者的新闻报道、评论及政治讨论”。按照麦克奈尔的观点，“政治传播包含了所有的政治话语，并且这种话语不仅包括能够清楚表达传播主体意思的口头或书面声明，也包括具有不确定信息传播的视觉手段，如服饰、发型或者标识设计等”，他认为这些元素都可视为政治“形象”或是政治身份。① 新闻发布制度建立的信息传播采用双向互动模式与公众沟通，这也是政府与社会公众进行信息交流时所采用的主要模式，并且已经得到世界各国政府的普遍重视。②

也有学者认为，政治传播不是“政治”与“传播”的机械组合，也不是所谓政治学与传播学在某个领域的“交叉”，而是一种深度的内在融合，因此，用单纯的政治学或单纯的传播学都无法准确地诠释政治传播，而只能从哲学深度上把“政治”和“传播”在“元态”根基上合二为一。换言之，政治传播是指政治的“社会性”本质和祈愿与传播的“社会性”生成，使元态的政治传播成为现实，成为人类社会生活的重要组成部分。③

同样是政治传播视角，谢岳则将视野定位在“国家与社会关系”这个大背景下，认为传媒既是社会的一部分，也是政治的一部分。④ 但是，也有人认识到，随着我国公共行政体制和政府传播管理的不断改革，新闻发布制度中的问题日益凸显：一是将传播学与政治学简单“嫁接”，忽视了对“政府新闻发言权力”与“社会公众知情权利”及其背后的“政府—社会”关系、“政府—公民”关系的深入梳理和纵向挖掘；二是对政府新闻发布的认识过于简单化，往往只注重政府新闻发言，缺乏对政府新闻发布现象的整体把握和全面观照。⑤ 新闻发布制度作为政治系统中的一部分，其发生、发展势必受到执

---

① 布赖恩·麦克奈尔. 政治传播学引论［M］. 段祺，译. 北京：新华出版社，2005.

② 仰和. 新闻发布制度与现代政府［J］. 国际新闻界，2004（3）：16-21.

③ 荆学民，祖昊. 论政治传播的历史性——一种哲学的审视［J］. 国际新闻界，2016（9）：46-59.

④ 谢岳. 大众传媒与民主政治［M］. 上海：上海交通大学出版社，2005.

⑤ 高波. 政府传播论［M］. 北京：中国传媒大学出版社，2008.

政能力、法律条例等其他政治因素的影响；并且政府组织把整个社会公共事务作为其管理内容，也符合组织传播的一般规律。新闻发布制度作为政府组织的一部分，其传播机制是作为一种创造性和约束平衡力量存在的。①

政府、媒体与公众三方力量的此消彼长既是一个力量博弈的过程，也是催生我国颁布政府信息公开条例、建设新闻发布制度的根本动力。博弈理论本是一个经济学名词，后被应用于社会科学领域解释一系列社会现象，对于本论题来说，用“博弈”分析新闻发布制度化进程建设背后各利益方的权力和利益分配有很大帮助。例如，和政府信息公开一样，政府新闻发布并不是单一孤立的现象，必须与媒介改革、公众角色、社会潮流、信息技术和自媒体的兴起联系起来考察②，因为新闻发布制度涉及方方面面的关系，单单反映产业规模的数据资料并不能显示媒介资源占有的人均水平、媒介资源在群体中的分布形态、内容制作和流通体制等方面牵涉的公正、自由、开放等基本原则的问题。③ 新制度经济学的制度构成理论认为，制度是由非正式约束、正式约束和实施机制三个基本要素构成的一系列规则，“人们判断一个国家的制度是否有效，除了看这个国家的正式规则与非正式规则是否完善以外，更主要的是看这个国家的制度实施机制是否健全”④。新闻发布制度的实施过程涉及多重权力分层和利益纠葛⑤，如北京市政府的新闻发布会就涉及 100 多项大大小小的流程，因此权限明确就很重要。这不仅有助于权限明晰的主体进行组合和实施，也有助于后期责任分配和评估体系的有效实施。同样，对于列入国家法律条文的规定，并不能充分证明我国的信息民主、公众知情权已得到充分保障，现实运作中还存在很多问题，对政府来说，“只有信息交流才能使管理成为可能”⑥。贺文发和李烨辉⑦认为，要改善当下中国突发事件信息

---

① Eric M. Eisenberg，H. L. Goodall，Jr. 组织传播——平衡创造性和约束［M］. 3 版. 白春生，王秀丽等译. 北京：北京广播学院出版社，2004.

② 张晓峰，赵鸿燕. 政治传播研究：理论、载体、形态、符号［M］. 北京：中国传媒大学出版社，2011.

③ 潘忠党. 传媒的公共性与中国传媒改革的再起步［J］. 传播与社会学刊，2008（6）：1-16.

④ 胡正荣，张新华，约束机制与新闻发言人制度的现实困境［J］. 郑州大学学报，2004（5）：25-27.

⑤ 科斯. 论生产的制度结构［M］. 盛洪，译. 上海：上海三联书店，1994.

⑥ 哈罗德·孔茨，海因茨·韦里克. 管理学［M］. 郝国华，等，译. 北京：经济科学出版社，1993.

⑦ 贺文发，李烨辉. 突发事件与信息公开：危机传播中的政府、媒体与公众［M］. 北京：中国传媒大学出版社，2010.

公开状况，就要在公众的公共知情权利和政府的行政公共权力相互交织的层面明晰权利划分，进一步进行制度的创新，确立传媒自主性的主体地位。如果权利边界不明晰，就可能出现“公开不当”，造成“不求有功但求无过”的心理博弈。他们还从政府、媒体、公众三个层面分析突发事件的利益相关方，认为传媒与政府的关系仍然是当下中国应对突发事件与解决危机传播问题的关键；至于公众层面，则更多地表现为互联网等新媒体推动下所形成的公共舆论给前两者带来的现实压力，这种由新媒体产生的舆论压力以及舆论压力背后的公众参与被一些专家与学者界定为具有中国特色的由媒体推动的舆论监督型的“公民社会”发育和成长的表现形式。

政治传播视角下的新闻发布到底以何者为重？换言之，是以政治为研究中心，还是以媒体为研究中心？有学者呼吁，对政治传播效应的研究，需要走出传播学视角下传播效果研究“媒介中心论”的困境，回归政治活动本身，以政治活动为根基，用政治学的理论来诠释。政治传播活动是国家宰制的政治目的性很强的信息传播过程。这个过程不可能是信息的自然循环，因此“媒体”永远不可能处于中心地位。政治传播的效应不可能直奔一个个社会成员的微观态度而去，而总是着力于宏观的政治治理效果。① 当然，也有学者从媒体视角审视媒体在政治传播中的地位和作用。例如，张晓峰等②从媒介和政治传播的双重视角审视它们之间的互塑功能，从政治传播的理论、载体、形态和符号四个层面展示了媒介在政治传播中的功能与影响。就传媒与政治的关系来说，有学者认为二者存在一种伙伴关系，每一方都为他们针对受众的特定目标而努力，但又不得不通过与另一方形成某种合作而达到目的；换言之，这是一种依赖和调适（adaptation）的关系。③ 也有学者从新闻传播学的角度研究信息时代政府形象和大众传媒的关系，比较全面地论述了政府与媒体的关系，阐述了政府形象传播面临的全球化、信息化、民主化、市场化的挑战，并对政府形象建设的模型设计做了有益探讨。④ 除了在思辨层面论证政府和媒体的关系外，也有学者从实证量化方面进行研究。例如，张洪忠对我

---

① 荆学民，李海涛. 政治传播效应的机理与基本内核［J］. 现代传播，2014（10）：12-16.

② 张晓峰，赵鸿燕，政治传播研究：理论、载体、形态、符号［M］. 北京：中国传媒大学出版社，2011.

③ 杰伊·G. 布鲁姆勒，迈克尔·古列维奇. 政治家和新闻界：一篇有关角色关系的论文［M］//奥利弗·博伊德-巴雷特，克里斯·纽博尔德. 媒介研究的进路：经典文献读本. 汪凯，刘晓红，译. 北京：新华出版社，2004.

④ 彭步伟. 信息时代政府形象传播［M］. 北京：社会科学文献出版社，2005.

国媒体和政府公信力下降及重建问题进行了分析，认为我国内地传媒公信力比美国和香港地区高的原因在于我国传媒公信力的取向，即政治取向、市场取向和专业主义取向。[①] 政治取向主要是指媒体的政党属性，具体包括媒体的权威性和行政级别等内容。张洪忠的著作为本书思考国内不同层级媒体发布政府新闻及与政府的关系开阔了视野。

了解公众有助于更好地把握我国政府新闻发布的传播效果，特别是突发事件发生后新闻发布的评估。已有学者专门研究突发事件政府新闻发布的传播效果，如于晶就从媒体功能和公众接受的层面讨论了我国政府新闻发布制度。[②] 关于公众的理论研究很多，勒庞和塔尔德对公众的经典分析对新闻传播学界来说早已不陌生，虽然两位作者论述公众时所处的时代与当下中国不可同日而语，然而人们总会从他们的思想中寻找到当前公众的影子。勒庞认为，大众根本缺乏理性，他们只为情感所驱使，他们不会思考只会反应，因此他们是“乌合之众”。但乌合之众的力量是惊人的，因为决定现代国家命运的正是他们的心理，而不再是马基雅维利式的君主的秘密会议。[③] 塔尔德没有用人群或群氓，而是用大众来指称现代社会的民众，人群和群氓往往指乌合之众，但现代社会的大众则是一种精神集合体，他们虽然形体分散，意识却是由现代大众、媒体紧紧黏合在一起的。[④] 当公众遇见互联网，舆论场上虽然变得吵吵嚷嚷，有人却从中看到了整个社会变迁的另一面，并将此归功于中国公民探寻真相和表达意见能力的崛起。[⑤]

公众不是自然存在的主体，其主体性只能是具体的历史动态。自由人之间自由、开放、平等和理性的交往构成所谓的公共领域，脱离了这个过程，所存在的只是聚众（Crowd）或大众（Mass）。因此，在缺乏公众主体性建设的体制条件下，任何个人、党派或者群体都不具备为公众代言的正当性。[⑥] 互联网给公众提供了数字化的公共舆论空间，杨国斌甚至将之视为孕育着公民社会生成[⑦]，因为每一个普通人都能通过网络平台进行平等、自由、开放的交

① 张洪忠. 转型期的中国传媒公信力［M］. 南京：南京师范大学出版社，2013.

② 于晶. 突发事件政府新闻发布的传播效果［D］. 复旦大学，2010.

③ 古斯塔夫·勒庞. 乌合之众［M］. 冯克利，译. 北京：中央编译出版社，2004.

④ 加布里埃尔·塔尔德. 传播与社会影响［M］. 何道宽，译. 北京：中国人民大学出版社，2008.

⑤ 熊培云. 重新发现社会［M］. 北京：新星出版社，2010.

⑥ 潘忠党. 传媒的公共性与中国传媒改革的再起步［J］，传播与社会学刊，2008（6）：1-16.

⑦ 杨国斌. 连线力——中国网民在行动［M］. 邓燕华，译. 桂林：广西师范大学出版社，2013.

流，并获取信息，参与维权与抗争，从而获得自我实现、社群团结以及草根赋权的新体验。20 年来多次发生在中国转型期的网络集体行动彰显了现代公众的理性、主体性的角色赋权。这种大变革时代的网络行动更与宏观的社会、经济、政治和文化的变迁紧密相连。有很多学者就将厦门 PX 事件的解决视为中国公民成熟的标志，那一场“无组织有纪律的散步”让很多人为之欣慰。当然，也有声音为网络上的众声喧哗担忧，认为那只不过是公共领域的幻想，并不真实。的确如此，网络技术确实会带来疑惑和恐惧，但是当我们回顾技术史时可以发现，技术给我们带来的更多是机会。[①] 因此，技术到底在何种程度上颠覆了传统的政治传播模式仍有待研究，这也是研究我国新闻发布制度的影响要素之一。

## 四、新闻发布实务及比较研究

新闻发布制度不能停留在理念层面或者规则层面的讨论，最终还是要回归到实际运行中，这方面的研究者大多有从事新闻发布工作的经历，他们通常会站在政府的角度分析如何与媒介进行沟通与公关。主持过美国白宫 2000 场新闻发布会的斯皮克斯口述了他从事新闻发言人期间的经历，1989 年就结集出版了《2000 新闻发布会——白宫新闻发言人斯皮克斯回忆录》一书[②]，首次详细地向外界公布了里根时代斯皮克斯主持过的每一场新闻发布会的“台前幕后”。也有人在新闻发布实际工作中引入公共关系学理论。例如，苏丽文将政府的新闻发布工作作为政府部门公共关系的必然组成部分，认为公共关系领域的 RACE 流程（Research-Action-Communication-Evalation/调研—策划—实施—评估）同样适用于新闻发言人的工作。[③] 国内最权威的政府新闻发布平台——国务院新闻办公室也曾于 2007 年就政府新闻发布工作的具体安排与流程出版了手册。国务院办公厅于 2013 年发布了 100 号文，明确规定“与宏观经济和民生关系密切以及社会关注事项较多的相关职能部门，主要负责同志原则上每年应出席一次国务院新闻办公室新闻发布会，新闻发言人或相关负

---

① 杰夫·贾维斯. Pubic Parts——How Sharing in the Digital Age Improves the Way We Work and Live [M]. 南溪，译. 北京：中华联合出版社，2013.

② 斯皮克斯. 2000 新闻发布会——白宫新闻发言人斯皮克斯回忆录 [M]. 军事科学院外军部，编译. 北京：三联书店，1989.

③ 玛格丽特·苏丽文. 政府的媒体公关与新闻发布 [M]. 董关鹏，译. 北京：清华大学出版社，2005.

责人至少每季度出席一次”[①]。从2004年美国合众国际社的记者向国务院新闻办公室主任赵启正建议某些部门是否可以一个月举行一次新闻发布会，到国办〔2013〕100号文明确规定相关职能部门“定时定点”发布信息，再到2017年施行十年的《政府信息公开条例》意见稿的征集，中国新闻发布制度化建设成果丰硕。然而，即便如此，仍然发生了数次质疑制度建设本身的言论风潮，如2011年发生的系列突发事件，导致公众和媒体质疑一些政府部门新闻发言人的表现，甚至认为目前的新闻发言人制度存在一定的瓶颈[②]，这也从一个侧面反映了我国新闻发布制度建设中依然存在不少症结，症结背后才是实质问题所在。关于新闻发言人的角色问题，有着新闻发布工作经历的前教育部新闻发言人王旭明不大赞同媒体与发言人之间关系的“敌人论”或者“伙伴论”，他认为要结合我国的历史文化传统，综合考虑讲情与讲理。[③] 王彩平也专门就突发事件下如何召开新闻发布会才有利于问题的解决进行了现实层面的解答。[④] 潘知常着重围绕在媒体面前如何应对突发性危机事件、如何进行形象塑造、如何组织和策划新闻发布会、如何应对媒体等问题进行详细阐述。[⑤] 曹劲松认为，新闻专业不仅要培养传媒人，也要把培养政府的新闻发言人和公务员的新闻观当作其重要任务。[⑥] 随着“两微一端”（微博、微信、客户端）的兴起，社交媒体的活跃打破了传统主流媒体“一统天下”的舆论格局，相比于微信、微博这种开放式的社交平台对我国的舆论格局的确带来了变化和挑战。经过分析，邹建华[⑦]回答了如何开展新闻发布、舆论引导和危机公关等问题，还就微博时代“如何接受记者采访”、如何开展“国际舆论引导和公共外交”工作以及“如何有效运营政务微博”等方面进行了深入研究并提出对策建议。新闻发布活动的实际操作不仅渗透着新闻发言人的政治素养和个人修养，对多种媒介渠道的理解、运用和把握也是其应有之义，这也是媒介素养的体现。

---

① 关于进一步加强政府信息公开回应社会关切提升政府公信力的意见［EB/OL］. http：//baike. baidu. com/link？url=NVBs3OrHYwUhSJoY00Eb1Vy5zuWKki0FlvPI9TGRw5MmzRCL2u0BG2ti3JLIVJOj7dP78erwKt WanpepkXGPB.

② 万静. 国新办回应新闻发言人不敢说不愿说不会说质疑［EB/OL］. http：//politics. people. com. cn/GB/1026/16920450. html.

③ 王旭明. 王旭明说新闻发言人［M］. 北京：新华出版社，2012.

④ 王彩平. 危机应对：政府如何发布新闻［M］. 北京：国家行政学院出版社，2012.

⑤ 潘知常. 你也是新闻发言人［M］. 北京：中国人事出版社，2011.

⑥ 曹劲松. 政府新闻发布［M］. 南京：江苏人民出版社，2009.

⑦ 邹建华. 微博时代的新闻发布和舆论引导［M］. 北京：中共中央党校出版社，2012.

除了新闻发布实务之外，还有很多研究成果聚焦于制度或机制的比较研究。曼纽尔·卡斯特认为，比较研究的根本在于避免自我中心偏见，因此，采撷他山之石能够为现代中国新闻发布制度建设提供广阔思路。比较政治学领域的结构功能主义主要体现在阿尔蒙德在 20 世纪 60 年代与科尔曼、鲍威尔等人的系列著作中，他们主张所有政治体系都必须履行某种被要求的功能，因此，它的比较就包括比较哪些结构在履行功能。关于本书论题的比较研究，已有不少学者对中外新闻发布制度的异同进行了分析和梳理。徐琴媛通过对比研究，发现作为信息公开和新闻发布制度助推力的知情权产生在美国并不值得惊奇，因为美国人对国家权力的怀疑是所有其他国家都难以比肩的。[①] 李晓虎[②]从历史的角度考察了我国政府新闻发布制度的流变，并对中美政府新闻发布制度从理念、规则和实践三个层面进行了对比。他发现，美国政府新闻发布制度始终是在政府—媒体的二元博弈中逐步完善的，而中国则不同，中国新闻发布制度建立的首要推动力是自上而下的政府形象维护和社会发展的行政举措，中美两国新闻发布制度发展的动因有着根本的不同。石国亮通过信息社会发展和政府发展的双重脉络探讨了国外政府信息公开机制，并对如何借鉴国外经验改进我国政府信息公开提出了有针对性的建议。[③] 除了将我国政府新闻制度和美国相比，也有学者记录了英国政府如何利用媒体、驾驭舆论的案例，虽然比较框架下的制度研究主要以政府这一发布主体为例，[④] 与本书观照的政党、政府、军队等中国现代新闻发布体系有些出入，但这些研究仍为笔者提供了延展性思路。此外，制度比较论题往往还会带出另外一个议题：中外新闻发布制度下新闻发言人的异同。在不少学者看来，有一个较为普遍的共识，即新闻发言人不是一个“人”，而是一套制度。在美国，各级政府中大约有 4 万名新闻发言人，他们发表的意见不是其个人的意思表示，而是代表着其背后组织机构的立场，“新闻发言人更多体现的是政府的一种沟通、交流方式”[⑤]，并且政府人员作为传播者的素质已越来越成为他们公众形象的重要特征，被推至聚光灯下的政府人员有很多角色，然而，当他们作为传播者出场时，他们就得按照自己特定的角色规范行事：“代表”政党、政府

① 徐琴媛. 中外新闻发布制度比较 [M]. 北京：中国传媒大学出版社，2005.

② 李晓虎. 中国共产党新闻发布制度研究 [D]. 上海：复旦大学，2007.

③ 石国亮. 国外政府信息公开探索与借鉴 [M]. 北京：中国言实出版社，2011.

④ 龚铁鹰. 英国政府如何与新闻媒体打交道 [M]. 北京：五洲传播出版社，2013.

⑤ 朱薇，朱彬. 新闻发言人是一群啥样的人 [N]. 新华每日电讯，2004-1-5 (4).

或政府部门的利益。[1]

# 小 结

制度主义视角下的新闻发布及制度研究让我们将注意力转向了政治学领域，从政治理论出发思考新闻发布制度的政治设计与安排。政治科学对某项政治行为的研究总体上遵循着两条基本路径：一是制度主义层面的规范研究，在方法论上侧重于价值判断、定性分析和演绎逻辑，试图通过规范命题的推演和陈述，对观念形态的制度或制度构成做出静态的描述；二是经验研究，在方法论上认同西方的行为主义研究路径，通过“过程分析”动态把握实践层面的政治制度。因此，对政治行为的研究不但要从规范层面规定研究的目标和方向，而且要从经验层面着手，采用动态的、经验的方法进行辅助。

信息公开视角让我们从更宽广的范畴审视当下的新闻发布制度，将信息公开或新闻发布视作现代民族内生而非外生的基因。作为一种生存方式，信息公开和知情权就不是“应不应该”的问题，而是“如何做好”的问题了。

传播学的效果研究让我们沿着美国主流经验学派的脉络追索新闻发布制度安排带来的传播效果。不管是间接效果还是直接效果，很难说目前传播学的效果研究不算作政治传播研究的成果。政治传播理论是一种不同于以往规范研究和经验研究的新的研究路径，它不再局限于个人对政治制度的主观设定，不再拘泥于某种定型的制度框架，而是深入政治制度的内在机理之中，通过将所有的政治现象还原为政治信息，探究政治信息的流通方式、流通路径，以及各自所导致的政治输出或决策，进而深度把握特定政治组织特定场景下的特定运作，并进一步探究政治信息流通中的力量博弈。广义的政治传播理论主要研究政治态度的形成和变迁、民意构成、政治演说、竞选言行、意识形态、大众媒介和政治心理等。而狭义的政治传播理论仅同政治系统相关，指的是政治系统进行输入、输出的工具。在西方国家，特别是美国，政治传播的研究主体是媒体，如总统大选中，媒体往往成为学者们的研究对象；而在国内，不少以新闻发布为研究对象的论著往往把政府、政党或军队等新闻发布主体作为研究对象，这两者有很大不同。对一门学科而言，研究对象

---

① 奥利弗·博伊德-巴雷特·政治家和新闻界：一篇有关角色关系的论文［M］//克里斯·纽博尔德，编．媒介研究的进路：经典文献读本．汪凯，刘晓红，译．北京：新华出版社，2004：129.

都不确定，就很难说这门学科真正建立起来了，毋宁说政治传播学是一门仍处于建构过程中的现代学科。所以在研究过程中，始终警醒最初的政治传播是将行为主义科研方法引入政治学领域，专注于个体层面的政治行为，并主张政治学家应该研究政治行为而不是政治思想，拉扎斯菲尔德将定量分析引入政治行为的研究就是典型代表。加之行为主义在社会科学中的固有缺陷已经招致很多批评。因此，对于试图从政治传播视角来审视中国现代新闻发布来说，不但要从经验层面（如前述的新闻发布实务）甚至个体层面去观察政治行为（如机制运作），还要从宏观视角（社会制度的系统层面）审视政治行为，进而把握其历史脉络和制度逻辑演化路径。

# 第二章

# 新闻发布制度的观念从何而来

中国历朝历代的制度更替并不是独立的建制问题，而是相应的文化和精神因素共同作用的结果，正如历史学家钱穆先生认为的，“一个制度的推行，必有与其相符的一种精神与意识，否则此制度即毁灭，不能存在”[①]。新闻发布制度同样如此，要考察“是这样”的新闻发布制度，首先需考察新闻发布制度“何以这样”的产生逻辑。中国新闻发布制度化建设背后的时代精神和主导意识又是怎样的呢？本书欲从交叉视野特别是政治传播路径探寻新闻发布制度发展的进程，但是关键问题在于：政治传播路径是怎样的？是倚重政治学旧制度主义中的体制或政治现象，还是政治科学中新制度主义的理性和行为，抑或是倚重传播学中的效果研究？如果都不是，那么政治传播究竟意味着什么？国内学者荆学民偏重从哲学层面理解政治传播。李元书认为，政治传播学产生的理论基础包括两个方面：一是理论源流，二是方法论。[②] 政治传播学的理论渊源很多，包括语言分析理论、态度转变研究、投票研究、政治与新闻媒介的关系研究、功能与制度研究、传媒技术的理论研究、竞选技术风格研究。方法论基础是行为主义及其相应的具体方法。行为主义作为一种方法论产生于20世纪50年代，在60年代占据统治地位。行为主义反对用法律的描述和抽象的、思辨的演绎，即反对单纯的描述和原始的经验主义，反对对历史的演进做宏观的解释，也反对把政治学与道德问题混杂在一起。[③] 行为主义主张用科学的思想方法和研究方法来研究政治学、社会学，并从自然科学（如物理学、生物学、心理学和数学）中引进了理论模式和方法，把注意力集中在实际的、可观察的行为上，即那些对政治社会确实具有重大意

① 钱穆. 国史大纲［M］. 修订本. 北京：商务印书馆，2011.

② 李元书. 政治传播学的产生和发展［J］. 政治学研究，2001（3）：68-77.

③ Dan Nimmo, K P. Sanders. The handbook of political communication［M］. Sage Publications Inc, 1984.

义的政治人物以及投票、公共政策的制定与评价的研究上。行为主义强调研究的问题和理论的可检验性，并通过多种方法检验理论，企图找到政治科学化的方法论通则和研究技术。[①] 那么，如何审视中国的新闻发布制度呢？首先要确定的是，制度本身并不是孤立存在的，而是夹杂了很多复杂因素。中国新闻发布制度的诞生并不是2013年“非典”疫情暴发倒逼的结果，事实上，2013年之前也有影响全国的大事件发生，我们不能用后来已经成文的制度来判断不同事件的政治影响谁大谁小。历史充满偶然性，但是每个偶然性也充斥着必然性。

中国新闻发布制度观念与以下几个问题密切相关：第一，现代政治传播在一般理论框架中的作用，特别是信息在政治过程中的作用。第二，信息公开或“透明”观念。第三，自身的制度逻辑。这里要明确的是因果关系的澄清，避免“倒果为因”，到底是信息公开观念推动现代政治传播的实践，还是政治在“现代化”过程中产生了“透明”观念？虽然很多情况下因果关系并不是清晰可见，但是本书认为，政治实践推动了“透明”观念的诞生与发展，并且随着体制机制的改革，信息公开和新闻发布范围和程度也在发生变化。

## 第一节 现代[②]政治传播与政治信息交流

虽然政治传播可以追溯到亚里士多德、柏拉图等早期经典著作，但现代政治传播研究绝对是交叉学科的产物，涉及社会学、政治科学、新闻学、心理学、历史学、修辞学和其他学科。[③] 不管视野如何交叉，政治传播的基本构成要素是可以形成共识的，即传播主体、信息、渠道、受众与反馈。具体而言，传播主体是指政治系统或者说决策系统；信息是指维持政治系统运转的符号系统；渠道主要是指媒体；受众是政治信息指向的对象，但绝不是终点，

---

① 曾繁正，等，编译. 西方政治学［M］. 北京：红旗出版社，1998.

② “现代”一词在本书中具有界定时间和阶段的功能，书中多处出现“现代新闻发布制度”“现代政治传播”等语句，明确了研究对象是随着工业化、现代化、城市化等出现的制度和其他方面，以示与前现代的区别。现代化意味着组织和工作中技术理性化和变化的狂潮，但除此之外，它还包含了更多东西：社会特征和标准生涯的变化，生活方式和行为模式的变化，权势、政治压制和参与形式的变化，对现实的看法以及知识模式的变化（Urich Beck，2004）。政治现代化意味着政治的制度化、法治化、稳定化、民主化以及行政的高效化。

③ Lynda Lee Kaid. Handbook of Political Communication Research. Mahwah［M］. New Jersey，London：Lawrence Erlbaum Associates，2004.

因为还有反馈系统；反馈即传播效果。这五个基本要素绝不是拉斯韦尔意义上的信息单向传递过程，而是具有信息反馈机制的循环系统，这是政治信息交流的基本内涵。

## 一、政治系统中的信息功能

我们常说的社会中某一个政治互动（Political Interaction）在美国政治学家戴维·伊斯顿的理论框架中都构成了一个行为系统。伊斯顿开创的政治科学中的一般性理论有三个主要目标，其一，为鉴别所有政治系统中要求研究的重要变量确定标准；其二，详细说明这些变量之间的关系；其三，以较为严密的逻辑连贯性和相互依赖性把一系列概括有机地融为一体，并由此实现前两个目标。[①] 伊斯顿在《政治系统》（1953）、《政治生活的系统分析》（1965）中先后分析了系统论中牵涉政治行为的变量，并努力为理解“人类的政治行为及许多其他行为而发现和确定稳定的单元”[②]。政治生活可以解释为一系列复杂的、涉及信息输入、输出的过程，但是伊斯顿把某种输入转换为我们称之为官方政策、决策和执行行动的输出。换言之，我们可以把政治生活看作是一个行为系统，它处于一个环境之中，既受到这种环境的影响，又对这种环境产生反作用。需要明确的是，伊斯顿也意识到理论分析意义上和现实意义上的行为系统内涵有可能不一样，因为理论分析意义上可以把政治生活独立为一个系统，这样更容易拨开层层叠叠的复杂因素，但在现实意义上，“必须把政治生活看成是出于自然的、生物的、社会的和心理的环境包围之中”[③]。在伊斯顿《政治生活的系统分析》一书的理论分析和经验分析部分也有类似倾向，在政治传播理论视野中，书中涉及的观念与机制运作是两条清晰可见的平行线，但是这只是用于分析目的，移用到现实环境下，很多问题其实很难判断变量之间的准确关系。按照伊斯顿的看法，政治系统的总体环境分为社会外部环境（国际社会）和社会内部环境，这种总体环境对政治系

① 戴维·伊斯顿. 政治生活的系统分析［M］. 王浦劬，等，译. 北京：中国人民大学出版社，1999.

② 戴维·伊斯顿. 政治生活的系统分析［M］. 王浦劬，等，译. 北京：中国人民大学出版社，1999.

③ 戴维·伊斯顿. 政治生活的系统分析［M］. 王浦劬，等，译. 北京：中国人民大学出版社，1999.

统造成了压力。[①] 伊斯顿的政治系统动力反应模式显示，政治系统与社会环境发生关系时，作为要求和支持的输入是多么重要，因为“如果没有输入这一概念，可能就很难描述社会中的各种行为到底是怎样影响政治领域中发生的事情的”[②]。除了输入，还需要有输出，“输出的意义，不仅在于它有助于影响系统作为其一部分的较为广阔的社会中的事件，而且在于它们会因此而有助于决定每个进入政治系统的下一轮输入”[③]。此外还有反馈环，它可以说明政治主体如何对付压力的过程。

按照伊斯顿的政治系统论，所有的政治过程都是政治系统（Political System）向其外部环境输出决策及其相关行为（即对政策、决定、法令、制度的贯彻和执行），从而获得支持或者将要求转化为新的决策与行动的循环往复的过程。具体就新闻发布的政治行为来说，一个政治系统的子系统在输出决策和执行相关行为时，穿梭于整个政治过程中的信息传播构成了系统的动力源，因为系统为了应对环境中的各个行为引发的压力会形成反馈环，并创造认同与和谐的条件，进一步提高支持。每一次新闻发布都是政治系统的一次自我调适，除了信息发布的“舒压”之外，通常也会采用直接面对另一个政治系统的方式，如不同部门的问题交涉和责任推诿。除此之外，政治系统还会采取某些“温和”的手段，通过影响伊斯顿意义上的“作为要求和支持的输入”系统（如公众舆论）来推动政治系统的持续平衡和稳定。

## 二、政治“现代化”[④] 如何影响传播观念

经济学家以国民生产总值衡量一个国家的现代化，政治学家则以行之有效的行政管理机构来衡量一个国家的现代化，而对新闻传播领域的学者来说，又有哪些标准可以衡量一个国家的政治现代化呢？政治现代化又在何种程度

---

① 戴维·伊斯顿. 政治生活的系统分析［M］. 王浦劬，等，译. 北京：中国人民大学出版社，1999：25-26.

② 戴维·伊斯顿. 政治生活的系统分析［M］. 王浦劬，等，译. 北京：中国人民大学出版社，1999：31.

③ 戴维·伊斯顿. 政治生活的系统分析［M］. 王浦劬，等，译. 北京：中国人民大学出版社，1999：33.

④ 关于“现代化”的著作有很多，“现代化”常用来描述现代民族国家发生的社会和文化变迁现象。根据马格纳雷拉的定义，现代化是发展中的社会为了获得发达的工业社会所具有的一些特点，包容一切的全球化过程。这方面的代表性著作是美国学者吉尔伯特·罗兹曼的《中国的现代化》（江苏人民出版社 2010 年版）。

上影响着传播的发生呢？现代化被认为是传统社会向现代社会转变的过程，这一过程涉及经济、政治、社会以及价值观念等领域的系统性变迁。[①] 德国学者汉斯-于尔根·普尔认为，现代化主要包括以下几点规范性含义：①物质生活条件的改善；②政治参与潜在能力的提高；③团体与个人自由和自主活动范围的增大；④人们在经济、社会、政治、文化等方面自主性的提高，对社会和政治体系依附性的减少。[②]

在整个20世纪，现代化道路成为很多民族国家就自身未来的发展走向做出的抉择，然而这种“抉择”却有动因、阶段和程度的不同。英国作为世界上第一个实现了现代化的国家，经历过1649年到1832年共183年的时间；美国经历过89年的时间，即1776年到1865年；在拿破仑时代（1789—1815年）进入现代化的13个国家也曾经历过大约73年的时间。而到了20世纪60年代，在形式上进入现代化的21个第三世界国家，历时平均只有29年。[③] 反观中国，继1954年第一届全国人民代表大会第一次明确提出要实现中国特色的“四个现代化”的要求后，党的十三大又提出“建设成为富强、民主、文明的社会主义现代化强国而奋斗的宏伟目标”。不管从时间历程上看，还是从发展阶段来看，中国的现代化很大程度上都是一种被“压缩”的现代化，这既意味着中国要在没有什么民主经验[④]的背景下建立具有中国特色的现代化国家，也意味着中国要独立摸索出适合中国国情的政治制度和政治文明。

在传统社会向现代文明社会演变的过程中，民族国家“一把手”的称呼也发生了变化，“首领”被政党所代替，信息传播的基本作用却没有改变，只不过在推行现代文明的过程中，国家执政者必须使它的基本决策得到执行，这就需要人民的积极参与。实际上，这既要求人民对国家的现代化做出决策，也要求人民相应地改变他们的生活和信仰，接受新的目标、新的态度、新的习惯和新的责任，这既需要信息也需要引导，而且信息必须流动，变革必须经过讨论，不仅需要通过从执政者到人民这样一种自上而下的渠道，还需要

① 孙关宏，胡雨春，任军锋. 政治学概论［M］. 上海：复旦大学出版社，2008：210.

② 汉斯-于尔根·普尔. 欧洲现代化与第三世界［M］//亨廷顿，等. 现代化：理论与历史经验的再探讨. 张景明，译. 上海：译文出版社，1993.

③ 塞缪尔·P. 亨廷顿. 变化社会中的政治秩序［M］. 王冠华，刘为，等，译. 沈宗美，校. 北京：生活·读书·新知三联书店，1988：4.

④ 对不少西方学者来说，民主是现代化国家的必要因素。例如，塞缪尔·亨廷顿在《第三波：20世纪后期的民主化浪潮》等相关著作中认为中国并不具备在第二次世界大战前有过一些民主经验的国家，其中与中国毗邻的蒙古国有不足一年的经验。

通过自下而上与横向的渠道。①

传播体系可以维持系统内外信息的可持续流动，这个系统既可以指民族国家和跨国集团的信息传播机制，也可以指规模较小的企业、社团和个体。对现代化的民族国家来说，毋庸置疑的是，一种有效的传播体系既可以被用来“操纵”人民，也可以引导发展中国家的人民参与发展的决策，给予他们有效参与的基础，加速已经决定实施的改革并使之顺利进行。关键在于国家的发展也是人民在改变他们自身。这并不完全是一个不受个人情感影响的、不可变通的过程。② 对发展中国家而言，传播体系中的公众参与是必不可少的，执政者在制定公共政策时不仅面临着“事前”要向公众广泛征询意见，也面临着“事中”接受公众及其他组织（包括自身在内）的监督，还面临“事后”的意见反馈。当一个社会开始现代化时，发展的首要表征就是传播渠道的延伸③，这意味着政治的现代化也影响着现代传播体系的构成。

### （一）现代政治传播观念

“现代化”一词含义模糊，我们现在普遍理解的“现代化”是指一种线性向前发展的、持续进步的、合乎目的的过程，对该词的理解通常建立在“人是理性的动物”的前提之上。现代化推动着民族国家的一致发展，并且形成了民族国家关于制度与法的观念，建立了高效率的社会组织机制，随之也形成了一套以“自由、民主、平等”为价值追求的理念体系。现代化的国家最鲜明的特色便是工业化、都市化、教育普及、科层化，以及快速的通信和交通运输等。④ 中国的政治“现代化”深受西方启蒙运动以来“现代性”思潮的影响，五四运动的爆发点燃了中国的启蒙运动，西方的“民主”和“科学”理念也随之进入中国。在“被启蒙”以前，不论是中国的政治还是传播，都自成体系。

现代政治现象是人类社会发展到一定阶段的产物，但是在古代社会，中西方都出现过关于政治的描述。记载于《荷马史诗》中的“政治”原指城堡

① 威尔伯·施拉姆. 大众传播媒介与社会发展［M］. 金燕宁，等，译. 北京：华夏出版社，1990.

② 威尔伯·施拉姆. 大众传播媒介与社会发展［M］. 金燕宁，等，译. 北京：华夏出版社，1990：39.

③ 威尔伯·施拉姆. 大众传播媒介与社会发展［M］. 金燕宁，等，译. 北京：华夏出版社，1990：84.

④ 阿历克斯·英格尔斯，等. 人的现代化［M］. 殷陆君，译. 成都：四川人民出版社，1985.

或者城邦，后又同人民的政治生活、政治制度、政治家等含义相关联，逐渐发展演变为城邦中公民参与政治统治、社会管理等各种公共行为的总和。西文中的“politics”一词是经由日本再传入我国，从词源上来说，它与中国本土意义上的政治内涵并不一样。《尚书・毕命》中的“道洽政治，泽润生民”记载的是古代君主的统治之术，此处的“政治”要分开理解，“政者，正也。治，原为治水，今，借治为理”（《说文解字》语）。中西历史语境迥然不同，西方的“政治”更加强调人民参与政治生活；而中国的“政治”则既可以理解为一个主谓结构，即代表正义的人来进行管理，也可以理解为一个偏正结构的短语，意为正义的管理。不管是哪种理解，始终存在一个“管理”的限定词，偏向于强调谁在管理，施行何种管理。这两种对政治的不同解释也影响着中西方对政治传播的理解。我国的政治传播学研究是西学东渐的结果，首先传入中国香港和台湾地区①，其研究内容涵盖新闻自由、政治意识形态、权力重组等②，同西方政治传播的理论视野重合度很高。中国大陆最先关注这一领域的学者之一是邵培仁，他在 1991 年就政治传播学的研究对象提出了自己的见解，并建立了不同于西方的理论体系，此后，关于政治传播的研究逐年增多。③

政治和传播作为人类社会中的两种现象，都具有维持社会秩序和人类生活方式的独特功能，这两种现象古已有之，但政治传播成为现代社会科学的一个独立分支主要依赖于传播学在 20 世纪的创设，并不断汲取政治学、公共关系学、管理学、社会学等其他社会学科的理论来充实自身。尼莫认为，政治传播学的研究对象包括：①政治的传播者；②传播使用的语言、符号、技术等；③政治传播的媒介；④政治传播的受众；⑤传播在政治中的效果。④ 不难看出，他对政治传播研究对象的划分很大程度上参照了主流传播学对其研究对象的划分方法。所以，政治传播的研究不仅仅是政治学和传播学研究的

① 例如，李金铨、陈韬文的《大众传媒与政治过渡》（中国香港，1991），祝基滢的《政治传播学》（中国台湾，1983），彭芸的《政治传播：理论与实务》（中国台湾，1986）。

② 周宇豪．政治传播学［M］．武汉：武汉大学出版社，2013.

③ 例如，李希光主持的 985 重大课题“政治传播学与国家形象构建”，刘继南主编的《大众传播与国际关系》《镜像中国》《中国形象》，孟建主持的国家社科基金重大项目“国家形象建构与跨文化传播战略研究”，李元书主编的《政治体系中的信息沟通——政治传播学的分析视角》。近年来发表的政治传播的研究论文越来越多，其中以荆学民教授的文章为代表，他擅长以从哲学视角关注政治传播的发展动向和研究中的问题。

④ Nimmo Dan. Political Communication Theory and Research：An Overview［M］//Brent Ruben，ed. Communication Yerbook Vol. 1，1976：442.

结合（“政治+传播”），而是一门新的学科。美国行为主义政治科学的创始人之一拉斯韦尔认为，政治可以“通过操纵有意义的符号控制集体的态度”。

政治传播又有哪些功能来适应现代化的社会？施拉姆认为，在人类社会初期，信息具有三重角色：看守人的角色（瞭望地平线并发回报告）；决策的角色（决定政策、领导、立法）；教师的角色（使部落新成员“社会化”，即让他们带着社会所尊重的技术和信仰步入社会）。信息具备的这三种功能并未随着社会进入“文明阶段”而发生改变。虽然信息交流变得不那么简单了，但是这仅限于传播媒介的介质发生了改变，它最基本的功能始终未变，“看守地平线的工作由大众媒介来承担，使用它们所有的记者、通讯社、电传设备、印刷机和广播器材，使社会舆论达到一致。制定政策和指导行动的工作主要交给了政府，但是像政党和大众媒介这样的组织强有力地参与了舆论和社会公众行动的形成过程”①。现代化的政治传播同样如此，传播的基本功能并未因为传播内容是经济信息还是文化信息而发生改变。

### （二）权力行使的合法性

合法性（Legitimacy）是指政治权力符合政治共同体普遍约定的一种“正当性”，它的意义比“合法”更为广泛和深远。马克斯·韦伯是第一个探讨“合法性”的人，其目的是找到支配性权力背后最深刻的因素。韦伯发现，仅靠资源的垄断还不足以形成持久而稳定的支配，一个支配型社会的形成一定要有对某种合法性的信仰，即人们之所以服从纯粹是出于对权威的无条件的信服。在韦伯那里，“合法性”概念侧重强调统治者自上而下的支配，带有神秘色彩。美国社会学家帕森斯对此进行了改造，他将合法性理解为一个社会体系维持运作的一种支持性功能逐渐转化为一个“自由民主”的政治概念，侧重强调民众自下而上对政治权力的支持。合法性的政治意义就在于建立了被统治者对统治者的支持体系，以制衡于统治者对被统治者的支配体系。② 韦伯用“合法性基础——权威类型——支配形式”的逻辑链讨论了现代社会中的官僚体制和权力问题。在韦伯的合法性问题研究的基础上，周雪光讨论了在中国大历史背景下国家支配形式的合法性基础，特别是官僚体制在这一支

---

① 威尔伯·施拉姆. 大众传播媒介与社会发展［M］. 金燕宁，等，译. 北京：华夏出版社，1990：40.

② 孙关宏，胡雨春，任军锋，主编. 政治学概论［M］. 上海：复旦大学出版社，2008：49-50.

配形式中的位置和特征。[①] 他尝试解读当代社会中国家权力与官僚体制之间的关系，认为国家支配形式从历史上的君主官僚制转变为当代中国的卡理斯马权威与法理权威的混合型基础，但官僚体制在国家支配形式中的主从地位没有发生质的变化，其合法性基础在于自上而下的授权。这也部分解释了中国新闻发布制度的层级授权制形式，该制度从侧面映照了中国国家治理的大语境。

前述权力行使合法性是基于生产阶段，除此之外，从伊斯顿意义上的反馈阶段也可以检验权力行使的合法与否。最终的合法性应该是一个政治系统内成员对该系统的心理认同和群体忠诚，它是政治系统赖以存续并维持长久生命力的基石。政治系统可以通过各种政治参与渠道吸收各种社会利益诉求和民众意愿，然后做出政治选择，从而使政治输出以民意为基础。[②] 公民通过政治系统内外的信息流通决定是否参与政治讨论，或者试图影响政府人事构成和政府政策制定的各种行为，从而实现公民政治权利。平等的政治参与是政治系统汲取合法性的重要途径。

### （三）警惕新闻发布制度建设中的“英格尔斯效应”[③]

在现代化进程中，中国新闻发布制度是我国现代化成果之一，但是要警惕在新闻发布建制中可能出现的“英格尔斯效应”，当新闻发言人、媒体人、公众跟不上制度的演进速度，就会出现这种后果。人既是实践主体，也是价值主体，更是终极目的。现代化的核心在于人的现代化，没有人的现代化就没有真正意义上的现代化。[④] 不管何种建制，始终离不开人的因素，特别是社会科学领域，归根结底总是围绕“人”为中心展开研究的。从柏拉图到18、19世纪的大多数政治思想家在进行政治思维时，总是从“人是理性的”这

① 周雪光. 中国国家治理的制度逻辑——一个组织学研究［M］. 北京：生活·读书·新知三联书店，2017：84.

② 孙关宏，胡雨春，任军锋. 政治学概论［M］. 上海：复旦大学出版社，2008：189-192.

③ 英格尔斯效应是美国人类文化和社会心理学家英格尔斯就人的现代化问题所提出的一个著名论断：国民心理和精神跟不上经济和社会发展速度，如果一个国家及其人民缺乏一种广泛的现代心理基础，那么，再完善的现代制度和方式都不会产生任何作用。英格尔斯率领团队在1962年到1964年选择6个发展中国家，开展了一场大规模的社会调查，每个国家访问1000人，调查对象包括农民、产业工人、在城市中从事传统职业的人，主张“把人作为注意的中心，特别是普通人，而非那些杰出人物”。在研究西方发达国家现代化进程并考察第三世界国家经济发展问题后，形成了一本专门探讨人的观念、人的心理状态与现代化的关系的专著，即《人的现代化》。

④ 田芝健，许益军，王萍霞，等. 现代化的核心是人的现代化［N］. 光明日报，2013-1-28(7).

一假设出发，他们所建构的政治理论自然也离不开这一假设。到19世纪末20世纪初，随着心理学的诞生和迅速发展，一些政治思想家开始从新的视角来审视和研究政治。[①] 其中一位便是沃拉斯，他在《政治中的人性》一书中认为，在实际政治中，与传统政治思想家所认为的情况相反，大多数人的政治行为是非理性的，是基于本能和情感的。他认为，人性由理性和非理性因素两部分组成。按照沃拉斯的观点，既然政治制度并不都是人们理性指导下的结果，那么，考察制度的标准和目的也变得没有根据。然而，沃拉斯著作的意义更在于给予研究者一个另类的视角：人并不总是理性的。这是一个有益的忠告，因为在考察实际的政治制度运行中，“某个具体的人”的具体表现时变得格外重要。

在马克思和恩格斯看来，以一定的方式进行生产活动的一定是个人，发生一定的社会关系和政治关系，而社会结构和国家经常是从一定个人的生活过程中产生的，所以对一定的个人进行的经验观察，“在任何情况下都应当根据经验来揭示社会结构和政治结构同生产的联系”[②]。虽然马克思和恩格斯也强调社会过程中个人的因素，但是逻辑起点选择了人与人在这一过程中形成的关系。考察世界现代化发展的历史进程可以发现，人的现代化与社会现代化的发展之间往往并不是同步的，而是呈现一种不平衡性，最常见的是“人的建设”滞后于“物的建设”。[③] 这是就世界范围内的现代化进程而言的，我国当然也包含在内。处于转型期的中国面临着要在多个领域实现现代化的任务，其中人的现代化不仅由可以衡量的指数来说明，更包括主体的思想观念、素质能力、行为方式和社会关系等多方面的现代化转型。英格尔斯在《人的现代化》一书开篇写道：“一个国家可以从国外引进作为现代化最显著标志的科学技术，先进国家卓有成效的工业管理方法、政府机构形式、教育制度，乃至全部课程内容，但是这些完善的现代制度以及伴随而来的指导大纲、管理守则，本身是一些空的躯壳。如果一个国家的人民缺乏一种能赋予这些制度以真实生命力的广泛的现代心理基础，如果执行和运用这些现代制度的人还没有从心理、思想、态度和行为方式上都经历一个向现代化的转变，失败

---

① 格雷厄姆·沃拉斯. 政治中的人性［M］. 郑永年，李茂奇，译. 杭州：浙江人民出版社，1988：1.

② 马克思，恩格斯. 马克思恩格斯选集［M］. 第一卷. 北京：人民出版社，1995：71.

③ 田芝健，许益军，王萍霞等. 现代化的核心是人的现代化［N］. 光明日报，2013，1（28）：7.

和畸形发展的悲剧结果是不可避免的。”① 社会制度能够决定个人的性格和特征，然而这一种主张排除了人的创造性。必须明确的是，制约人的本质的社会制度也是由人创造的。

构成现代文明体系的要素可能是很复杂的，但是有三个最基本的要素必不可少，即稳定的制度体系、知识体系以及沉淀在一定群体或社会中的文化心理结构。政治文明也是如此，一种政治文明得以成立的条件应该是制度、知识、政治文化三个要素的统一，如果仅仅具备一个或两个要素，或者三个要素是分离或矛盾的，就不能说是一种不同的政治文明。② 提倡现代化意义上的政治文明，亦即提倡一种人类社会政治生活的进步状态，提倡一定社会政治法律制度形态、政治思想意识形态和政治行为实践所规定和体现的文明。显然，其中包含人的因素。

## 第二节 “透明”何以可能

在我国长期的封建社会中，诸如“民可使由之，不可使知之”（《论语·泰伯》篇）、“刑不可知，则威不可测”（《左传·昭公六年》，孔颖达疏语）等观念影响甚远，信息不公开是统治阶层保持神秘和权威的一种方式。那么，“透明国际”“阳光政府”这些西方的舶来词何时成为官方文件中的热门词汇？又有哪些驱动因素促成政治民主“透明”理念内化为执政过程中的必要原则？

### 一、全球化下的信息传播

“使一个国家成为‘现代国家’的，是它所面临的所处时代特有的各种挑战，而最重要的则是经济的全球化”③，这也是新闻发布制度得以建设的国际生态。2001 年，中国正式加入世界贸易组织（WTO），成为其第 143 个成员，中国开始全面融入世界经济一体化，这与同年成功举办的 APEC 上海峰会、北京成功申办 2008 年奥运会被《人民日报》称为“中国大步走向世界”的起点，“入世不仅使中国享受了全球经济一体化大潮的红利，更使得开放、规则

---

① 阿历克斯·英格尔斯，等. 人的现代化［M］. 殷陆君，译. 成都：四川人民出版社，1985：4.
② 曹沛霖. 制度纵横谈［M］. 北京：人民出版社，2005：254.
③ 孔飞力. 中国现代国家的起源［M］. 陈兼，陈之宏，译. 上海：上海三联书店，2013.

和竞争等理念深入人心，增强了中国发展的内在动力"①。新世纪初，代表中国深入融于全球化的经济、文化、政治领域都营造着一种新生态，"反对经济全球化而选择经济保护主义对富裕国家和贫困国家来说同样都是一个错误的策略。"② 否定故步自封、闭关锁国，选择改革开放政策已埋下了中国未来发展道路的伏笔，中国正主动而积极地融入全球化的世界浪潮。

全球化往往也伴随着一定的风险。乌尔里希·贝克的《风险社会》让人们认识到生存环境的复杂性和不确定性，他与英国社会学家吉登斯不谋而合，他们都认为风险社会具有这样一种特点：它并不是等级式的，而是网状的、平面扩展的，"风险面前人人平等"的说法并不为过。吉登斯还将风险分为外部风险（external risk）和被制造出来的风险（manufactured risk）。③ 世界银行的最新调查报告认为，人们需要将风险管理作为促进发展的有力工具，而在此过程中，国家面临的挑战之一就是如何保持一个合理、透明、可预见的制度结构。该报告呼吁个人和机构不要再做"危机斗士"，而是成为"具有主动性和系统性的风险管理者"。对那些仅靠个人力量无法处理的风险，需要从家庭到国际社会的各层面采取共同行动，承担起风险管理的责任。④ 以经济全球化带动的政治、文化、信息等的全球化同样将世界紧密相连，然而事情并不是这样一个简单的结论。全球化同时也是一个十分复杂的概念，其中就包括地方主义张力和全球化压力的共同作用。

我们的确处于一个极具变化的"全球化"时代，这是世界历史变迁的一个重要时期。全球化并不仅仅局限于某个地区或者国家，其触角延伸到了地球上的每个角落，并且这种趋势愈演愈烈，麦克卢汉对"地球村"的预言无可争议地成为现实。"全球化"一词之于我们已然不陌生，作为全球化浪潮中一个重要方面的信息全球化带来的不仅是海量的信息和人们获取信息方式的快捷，还包括全球化倒逼下的信息公开。由于信息化发展程度和阶段的差别，西方发达国家对政府信息资源的开发与利用比中国要早得多，并且更加规范，制定的法律与制度也相对完善。相较之下，我国有用信息的80%由政府掌握，

---

① 王亚光，王希，顾烨，等. 入世十年，中国的成长与反思［EB/OL］. http：//finance. people. com. cn/GB/70846/16568007. html.

② 安东尼·吉登斯. 失控的世界［M］. 周红云，译. 南昌：江西人民出版社，2001.

③ 安东尼·吉登斯. 失控的世界［M］. 周红云，译. 南昌：江西人民出版社，2001：7.

④ 世界银行. 2014年世界发展报告：风险与机会——管理风险，促进发展［M］. 胡光宇，赵冰，译. 北京：清华大学出版社，2015.

但是这些信息大多处于不公开状态[①]，世界银行与国际货币基金组织曾对中东欧国家经济发展与政府透明度的关系进行了全面的研究，得出了两者之间存在正相关关系的肯定结论。

1965年4月6日，国际卫星通信组织（INTERSAT）发射了一颗半试验、半实用的静止通信卫星——“晨鸟”（Early Bird），又称为“国际通信卫星-I”（Intensat 1）。作为世界上第一颗实用型商业通信卫星，它为北美洲和欧洲之间提供通信服务，这标志着同步卫星通信时代的开启。[②] 各类卫星环绕地球，每一颗都承载着大量的信息，“如果在赤道上空的同步轨道上。等距离分布3颗通信卫星，就能实现全球通信。人们坐在家里就能收看世界任何一个电视台的节目。”[③] 2015年2月10日，央视播送了这样一条新闻：美国国防高级研究计划局（DARPA）公布了一段利用战斗机携带的小型火箭发射卫星的视频，即“空射辅助太空进入”项目，其目标是以发射廉价、小型灵活的卫星代替大型卫星，后者1枚价值高达10亿美元，而小型卫星单次发射成本发射100磅可以控制在100万美元以内，价格的降低为全球物流和资本运转提供了不少可能性和想象力。快捷的信息通信改变的不仅仅是新闻的传播速度，在更深层次上改变的是我们的生活结构，在全球化面前“人人平等”。吉登斯有一个关于全球化的有趣的例子，他说：“当纳尔逊·曼德拉的形象比我们邻居的长相对我们来说更为熟悉的时候，我们日常经历的性质就已经发生了某种变化。”[④] 当下，人们对人类变革社会能力的信心比过去更大，部分原因是不断发展的传播技巧和不断改进的传播工具促使人们能向大量的人进行有效的传播[⑤]，特别是互联网的出现，使人们生活的周遭充满了遥远地方的人或事。研究者们不断探讨数字化时代的人类生活，互联网对人们日常生活的渗透程度，数字化时代的赛博攻击，以及数字时代下新的新闻发布方式等。尽管在传统的新闻传播实务教学中仍然将“接近性”“本地化”作为彰显新闻价值的原则，然而摆在人们面前的现实是数字化时代，“无穷的远方，无数的人们，都与我有关”。

---

① 周汉华. 我们为什么需要政府信息公开制度［EB/OL］. http：//www. southcn. com/news/china/gdspcn/200211210785. htm.

② 世界电信简史［EB/OL］. http：//www. cnii. com. cn/20020808/ca89418. htm.

③ 卫星，百科解释［EB/OL］. http：//www. mscbsc. com/cidian/baike8fd.

④ 安东尼·吉登斯. 失控的世界［M］. 周红云，译. 南昌：江西人民出版社，2001：7.

⑤ 威尔伯·施拉姆. 大众传播媒介与社会发展［M］. 金燕宁，等，译. 北京：华夏出版社，1990：. 18.

## 二、作为公共物品的信息资源的发掘

传统政治学将政治作为一种静态的、封闭的系统进行研究，例如，常把宪法制度、法律法规和微观层面上的行政细则作为研究对象；而政治学的新动向是将政治当作时刻处于变动过程中的认识，政治行为并不是一成不变的，而是既需要“外部”与“内部”之间信息的互动，也需要“内部”不同力量之间信息系统的沟通互动。这种不断变化的政治过程隐含着公共选择的可能性，人们通过民主决策的政治过程可以决定公共物品的需求、供给和产量。[①]从生产和供给方式来看，信息资源是一种准公共物品，并且从本质上看，这种准公共物品在“消费上具有非竞争性和非排他性”[②]。而公共选择就意味着人们会从福利最大化的角度出发，在政治活动中寻求与其利益、偏好一致或相似的群体组成共同体，进而做出政治选择，影响政策制定。将信息看作社会的一种公共资源，表明每个个体都有拥有和使用信息的权力，并共享其带来的福利效益。

专门研究政治行为的杜鲁门认为，如果要更加确切地了解政治过程，就有必要区分政治过程中“主旋律”和“变奏”共同具有的因素，即人们之间信息资源的交流。行为主义理论对政治学的渗透影响了对国家职能认识的变迁，这种认识的变迁发生在过去的20世纪，它甚至影响了当今以民族国家为主要独立单位的世界构成的发展趋势，具体表现为国家职能的理念从“统治”走向“公共行政”“公共管理”，从“治人”转向“治事”[③]。这种改变要想发挥实际功能，就不能仅停留在理念上，因为职能毕竟需要由实现它的机构来承担。

对国家职能的不同认识直接影响到政府机构设置的布局，政府机构设置是否科学，结构是否合理，直接关系着政府职能的发挥，影响到政府的工作效率。随着政府职能的分化和分工，机构设置越来越庞大，仿效现代化社会大生产管理的政府机构逐渐趋于分工专业化。[④] 马克斯·韦伯是研究现代社会科层官僚体制的大家，科层制不仅是一种外在的组织结构，也意味着统治者

---

① 宋延清，王选华. 公共选择理论文献综述 [J]. 商业时代，2009 (35)：14-16.

② Samuelson, Paul A. The Pare Theory of Public Expenditure [J]. Review of Economies and Statistics, 1954 (36): 387-389.

③ 曹沛霖. 制度纵横谈 [M]. 北京：人民出版社，2005：15.

④ 曹沛霖. 制度纵横谈 [M]. 北京：人民出版社，2005：181-182.

管理方式的改变。现代社会的不同领域被切割成不计其数的碎片，每一个碎片却不是任意飘荡，而是被打上了“二维码”，其背后都有相应的“负责方”。就中国来说，中共中央宣传部是主管意识形态的综合职能部门，其主要职能包括：负责指导全国理论研究、学习与宣传工作；负责引导社会舆论，指导、协调中央各新闻单位的工作；负责从宏观上指导精神产品的生产；负责规划、部署全局性的思想政治工作任务，配合中央组织部做好党员教育工作；负责编写党员教育教材，会同有关部门研究和改进群众思想教育工作等。① 而国家新闻出版广电总局负责拟订新闻出版影视宣传的方针政策，把握正确舆论导向和创作导向；负责起草新闻出版广播影视和著作权管理的法律法规草案，制定部门规章、政策、行业标准并组织实施和监督检查；加强对数字出版以及网络视听节目服务、公共视听载体播放影视节目的规划指导和监督管理，推动协调其健康发展等。②，随着当前国家更高层面的政治、经济体制改革，文化和意识形态领域承载部门的职能也发生了变化。信息传播方式的改变既给政府管理带来了新的挑战，也对执政者的信息资源管理能力提出了新的要求。执政者更加注重电子政务在管理中的运用，注重管理系统的开放性。

## 三、律法③思想的影响

图 2-1 表明，随着社会趋于现代化，属于第三、四象限规范的形成会趋于减少，属于第一、二象限，尤其是第二象限的规范则趋于增多。韦伯、涂尔干、滕尼斯等理论家就社会现代化提出的一些经典的论点，如理性化、政府机构化、从地位向契约的转变、从礼俗社会向法理社会的转变，都证明了这一点。④ 社会现代化也是随着法律观念的深入人心展开的，不管是君主立宪制国家还是议会制国家，通过制定法律制度进行国家或地区治理都是必要手段。

法律是人类社会创造的客体，它既是人类解放自身的工具，又反过来影

---

① 摘自中共中央组织部. 中国共产党组织工作辞典［M］. 北京：党建读物出版社，2009.

② 摘自《国务院办公厅关于印发国家新闻出版广电总局主要职责内设机构和人员编制规定的通知》（国办发〔2013〕76 号）.

③ 此处的律法是指广义上国家或社会为规范社会秩序而制定的对全体社会成员都具有约束力的规范，不同于狭义上的法律。

④ 亨廷顿·哈里森. 文化的重要作用——价值观如何影响人类进步［M］. 2 版. 程克雄，译. 北京：新华出版社，2010.

响人类社会的发展。① 人类社会发展史也是从“人治”走向“法治”，在法律规则下明确自身地位、权利与义务等关系。法律不仅是一套规则，更重要的是要落实到具体的制度上。

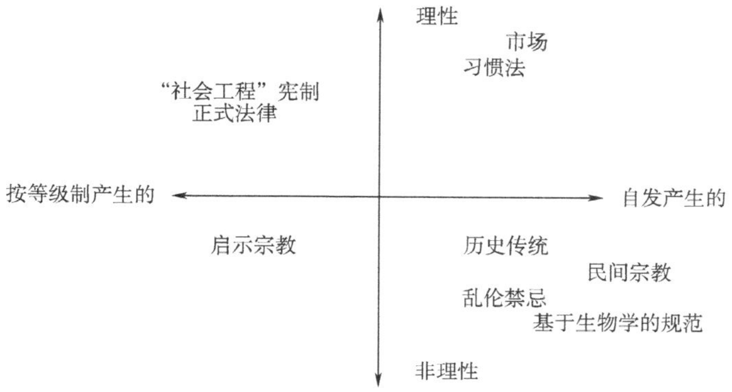


**图 2-1　现代化社会中的规范形成布局②**

脱胎于西方学校和教会中的法律精神和语言逐渐溢出原来的边界，慢慢渗透到社会各个阶层，首先在具有契约论传统的欧美国家扎下根，律法逐渐变得更加精致和烦琐。这里的“烦琐”不是贬义词，而是由于现代化社会的科层化和社会工种等的进一步分化造成的，必须有一种能够约束所有人的一般性的规范来协调社会秩序，因为“没有一个社会能够提供足够数量的官员去个别地正式通知每一个社会成员该做些什么，代替此种个别化控制形式的，是普遍指导形式下的某些更为可取的辅助性附加手段和强化手段”③。在哈特看来，法律就是这种标准化的典型形式。不管一项行为规则的出台是针对政府还是针对组织或普通公众，通过律法途径将行为规则上升为普遍化准则已成为现代化社会实现社会控制和秩序的必由之路。

① 丁小虎. 法律的基本精神与当代中国法律的发展［D］. 上海：上海大学，2004.

② 在图 2-1 中，第二象限中的正式法律、宪法文书、社会工程及所有由上头采取的指导群体行为的措施都属于理性的、按等级制产生的规范。关于宗教，有组织的启示宗教不是理性讨论的结果。有些民间宗教、基于生物学的规范及准宗教性的文化习俗则可能是非理性和自发产生的。因此，前一类宗教属于第三象限，后一类宗教规范属于第四象限。

③ H. L. A. 哈特. 法律的概念［M］. 张文显，郑成良，杜景义，等，译. 北京：中国大百科全书出版社，1991.

透明国际组织[1]（Transparency International，TI）发布了2017年全球清廉指数报告，认为腐败的风险进一步证明国家和地区政府并未制定出强有力的法律进行限制，发达经济体必须采取一些措施制止政商界的继续腐败，第一个具体行动就是创造公开登记（Public Register）制度，这种公开手段能够使腐败行为变得更难。[2] 用宪法和法律来刺激思想和习惯的传播力量被人们所熟知，在这个传播过程中，政府信息公开行为和公众权利意识觉醒似乎是同步的。

## 四、传播技术的推动

自2014年首届世界互联网大会举办以来，在浙江乌镇每年都可以看到最新的互联网领域的前沿技术应用。2018年，新华社联合搜狗公司在第五届世界互联网大会上发布了全球首个合成AI新闻主播。2019年全国“两会”期间，一位干练优雅的站立式合成女主播就在新闻直播间里声情并茂地为观众播报“两会”新闻。中国接入国际互联网已有20多年，全球新一轮信息革命已经来临，至今，全球网民达30亿，人类已全面进入互联网时代。互联网之于中国的意义更为特别，除了给普通公众带来生活、物流上的便利外，更重要的是一种“自我解放”的政治功能。郑永年在2014年出版的《技术赋权》一书中认为，基于互联网的集体行动很大程度上推动着政治开放、政治透明度和政治责任制，这些进步是政治自由化的重要表现。和前信息时代的状况相比，现在政府对民众更加负责，并且只要对政府的存在不构成威胁，政府也比过去更加愿意改变其陈旧的政策和政治实践。公众政治参与活动形式的变化要求新的政治治理技术，执政者再也不能罔顾重大突发事件及社会热、痛、难、疑问题所引发的公共舆论，再也不能将最本原和真实的信息当作“秘密”截留在信源处。在比较了中国的互联网与传统媒体后，陈韬文也指出了互联网的分权本质。根据陈韬文的研究，在相互作用、大渠道容量、联网潜力、大众化与个性化通信能力方面，互联网与传统的大众媒体有着本质的

---

① 这是一个非政府、非营利、国际性的民间组织，1993年由德国人彼得·艾根创办，总部设在德国柏林，旨在推动全球反腐败运动。从1995年起，透明国际每年公布清廉指数，提供一个可供比较的国际贪污状况列表。

② 2014 Corruption Perception Index [EB/OL]. http://www.transparency-usa.org/.

区别，网络结构的分权模式带来了全球的互联互通。① 而在互联网时代，人人都有麦克风，“相比传统的大众媒介，互联网具有相对更多的流动性和延展性”②。因此，在流动空间里，任何试图掩盖、堵塞信息流动的行为都是不当的，最明智的做法是探索信息传播规律和顺应阳光政府的国际潮流。在帮助中国政府建立现代治理制度方面，信息技术变得很关键。研究者们发现，互联网被越来越多地用于电子政务和宣传。

互联网技术与传播技术的发展也进一步稀释了宣传的意识灌输和控制意味，宣传的内涵已经超越了简单的控制。官方利用互联网和各种政务新媒体平台向公众传播其政策议程，而公众通过各个平台与官方互动。理论上，互联网为政治系统的双向沟通打下了基础。在中国，互联网发挥了政治渠道的作用，没有一个政府官员能够限制公众对一项特定的政府政策议程形成更为广泛的共识③，执政者对信息的垄断成本在互联网时代变得不可估量，这也倒逼多个层面的信息公开，注重将公众参与纳入制度建设的框架内。

## 五、经济发展水平与政治透明呈正相关吗

传播学集大成者施拉姆认为，传播发展的某种水平与阶段必须伴随着社会发展的某一水平和阶段，没有传播事业高度、有力的发展，现代工业社会所必需的人口、合作、工业化、教育与技能的基础就不可能建立，当然，不发达国家的传播系统一定也是不发达的。那么，一个社会的经济发展水平是否也代表着相应的政治透明呢？假设逻辑由此展开：（A）经济发展促进（B）教育水平提高，（B）能够提升（C）人们对政治知识的理解程度和（F）政治民主的实现程度，（F）的实现表明（G）人们共享政治生活的公共决策制度和信息，那么经济发展水平是否遵循着从 A 到 G 的顺序逻辑呢？显然，还是有大量学者的研究来证明这种正相关性，更高水平的经济发展可以培育受到更

① 郑永年. 技术赋权：中国的互联网、国家与社会［M］. 邱道隆，译. 北京：东方出版社，2013.

② Joseph Man Chan. Administrative Boundaries and Media Marketization：A Comparative Analysis of the Newspaper，TV and Internet Markets in China［M］// Chin-Chuan Lee，ed. Chinese Media，Global Contexts. London and New York：Rouledge Curzon，2003：169.

③ H. J. Kalathil，Bias，Open Networks，Closed Regimes［M］// Daniel C. Lynch. After the Propaganda State：Media，Politics，and “Thought Work” in Reformed China. Stanford，CA：Stanford University Press，1999.

高层次教育的公众，从而“提高社会的教育水平”①，因为经济越发达，所带来的社会资源越丰富，能够在更大范围内提供给社会成员更多的教育“硬件”设施，并且社会内部的经济财富水平可以塑造“其公民的价值和态度”，培养和促进了人际间的信任感、生活满足感与能力意识。② 亨廷顿认为，经济发展还可以使用于社会团体之间分配的资源更加丰富，并因而有助于融洽和妥协。③ 而在施拉姆看来，正是现代传播使经济发展变得如此重要，因为信息的大众媒介作用和教育，使加速经济发展所需的社会转变过程变得更容易，特别是加速和顺利进行全国人力资源的动员。④ 经济学家的研究表明，发展中国家经济发展和政治发展呈正相关，而新加坡缺少政治透明，其经济发展水平却很高⑤，因此，虽然经济发展水平与政治民主化水平成正相关关系，但是目前并没有充分的证据证明经济发展水平与政治透明完全是正相关的关系，因为政治透明还涉及一个国家或地区的文化、历史、惯习、政治体制等多方面的因素，并不是经济化指标可以决定的，否则就会落入“单向度”的陷阱。

## 第三节　新闻发布的制度逻辑

盖伊·彼得斯给制度下了一个最低限度的定义，首先，制度在某种程度上是社会或政治的结构性特征。其次，制度总是在一段时间内保持稳定，这是历史路径依赖影响的重要表征。再次，制度一定会影响个人行为。最后，制度成员共享某种价值和意义。制度一般有自己独特的逻辑，而逻辑意味着超稳定结构。新闻发布创设的制度逻辑暗含着和国家其他领域的制度逻辑极

---

① Lipset, Seong, Torres. “Social Requisites of Democracy,” pp. 25-26; World Bank, World Development report 1984 (New York: Oxford University Press, 1984), pp. 266-267; Cf. Dahl, Po; yarchy, pp. 74-76.

② Alex Inkeles, Larry J. Diamond. “Personal Development and National Development: A Cross-National Perspective,” in The Quality of Life: Comparative Studies, ed. Alexander Szalai and Frank M. Andrew (London: Sage Publications, 1980: 83; Lipset, Seong, and Torres. “Social Requisites of Democracy,” pp. 24-25; Ronald Inglehart, “The Renaissance of Political Culture,” American Political Science Review 82 (December 1988: 1215-1220.)

③ 塞缪尔·P. 亨廷顿. 第三波：20世纪后期的民主化浪潮［M］. 欧阳景根，译. 北京：中国人民大学出版社，2013.

④ 威尔伯·施拉姆. 大众传播媒介与社会发展［M］. 金燕宁，等，译. 北京：华夏出版社，1990：29.

⑤ 冯毅. 政治制度、经济增长与民主发展：以亚太地区为例［M］//梅斯奎塔，等. 繁荣的治理之道. 叶娟丽，王鑫，等，译. 北京：中国人民大学出版社，2007.

强的相关性，不存在脱离国家政治文化外在的一套新闻发布制度逻辑。新闻发布制度是来自于欧美发达国家的建制化政治政策和行为，中国的传统政治文化中也有“上情下达”“下情上达”的信息传播基因，不论是用于军事战争中的烽火和狼烟，还是用于日常行政命令发布的榜文、告示等。需要补充的是，传统和现代新闻发布还是分开的，相较于前现代时期的运动式、不成文的政治传播来说，现代新闻发布制度有很强的历史路径依赖性，这种依赖性不等于重复，而是延续了过去信息传播的底层结构和制度逻辑。

## 一、新闻发布制度的底层结构

正如周雪光分析中国国家治理的制度逻辑时，认为现代中国的国家权威支配形式虽然是一个卡理斯玛权威与法理权威的混合型基础，并且官僚体制从属于国家专断权力，但作为一个特有的组织形态，中国国家治理有其内在的机制和行为特点，常常与国家权力产生紧张，在中国数千年的历史上延绵至今，未有间断。周雪光分析了国家与官僚体制之间相互依赖、互为钳制的密切关系，也十分精辟地剖析了国家治理的政治逻辑。这启示了笔者从组织学角度审视中国新闻发布制度的诞生与演化，从国务院新闻办公室牵头建立由国务院、中央政府部门和省政府发言人组成的三级新闻发布体制，到“横向到边、纵向到底”新闻发布体系的建立，中国新闻发布制度体现了强大政治力量推动的正式组织的独特性，这些正式组织的基本特点首先是有稳定的组织结构。党、政、军等系统的各级新闻宣传部门负责与媒体和公众的日常沟通，除此之外，公共机构、大型国企等重要组织也都大多有类似设置，此外还有基于考核和评估的奖惩机制设置，这些考核和评估既有上级新闻发布组织部门的官方考核，也包括智库和媒体的第三方评估，第三方评估是正式组织考核的重要参考。我国现代新闻发布制度的建设与推进既是多方力量博弈的结果，也是在中国政治制度逻辑大框架下的具体实践，在此进程中存在中央和地方、地方和地方、组织和媒体、组织和公众等诸多张力。

## 二、新闻发布制度中的“正式”与“非正式”

从组织的角度来讲，正式组织和非正式组织为中国新闻发布制度的运行共同发挥作用。首先，新闻发布制度化的践行需要依赖正式组织，其结构和工作机制都会对制度化效果起到关键性作用。而非正式组织的作用也不可忽视，因为历史的路径依赖性，有些惯习、文化等非正式组织因素有时候比正式规章制度对政治系统产生的影响力更甚。对此我们可以提出很多经验性问题，例如，在中国各级政府新闻办公室或者相关宣传组织中，其权威关系是如何建立、如何运行的？在正式组织制度上，其自上而下的宣传引导与实际运行过程的“控制权”是怎样的关系？其次，信息与激励也是组织制度的一项重要内容。风险社会理论对考察新闻发布制度研究的重要启示就是重新思考“不确定性”，在不知从何而来的风险面前，信息的及时有效沟通成为重中之重，在解决“信息不对称”问题时，除了宣传部门、新闻机构的新闻发布正式组织之外，还有另外一个重要维度就是认识新闻发布制度中非正式组织的存在，在经济社会学中，格兰诺维特将之命名为“社会网络”，美国社会学家帕特南在《独自打保龄球》中称之为“社会资本”，他进一步解释社会资本就是社会关系。虽然在帕氏之前，布尔迪厄、科尔曼、林南等学者对社会资本也有诸多论述，笔者在此处借用“社会资本”一词意图说明的是，既有的新闻发布制度进程的研究过多关注了“正式”形式，包括制度条例、规范规章、机构设置，对新闻发布制度背后的个体关注太少，甚至没有关注。比如，围绕新闻发言人的社会环境中的各种同乡、同学、同事、亲友基础上的社会关系网络，它渗透于个体和组织社会生活、经济活动的各个角落，这些非正式组织关系又如何从微观层面影响新闻发布制度。正式组织与非正式组织都不可避免地镶嵌在社会文化之中，这催生了当前中国新闻发布制度“何以如此”的深层逻辑，这种逻辑既存在于周雪光分析中国国家治理的组织过程中，也存在于中国新闻发布制度化的具体过程中，并且对新闻发布组织成员个体和制度资源动员以及实现制度目标等都有重要意义。

## 小　结

回到本章初的问题，即到底什么原因催生了中国新闻发布制度化建设进程，除了一些偶发事件的直接刺激外，本书认为，现代政治系统内外的信息交换功能所要维持的系统平衡必须要有信息发布这一环节；政治“现代化”过程中传播观念的普及使权力行使的合法性具备了基础；与此同时，也有人的“现代化”跟不上制度现代化的负面效应，当前要警惕出现“英格尔斯效应”，不管是提升执政者、新闻发言人、新闻发布工作者的信息公开水平，还是面对在公众由技术解放带来的“权力”后对知情权的需求，始终要关注制度化进程中人的因素。在现代国家建设的浪潮中，全球化、公共资源、律法思想、传播技术等都多多少少催生了信息公开下的新闻发布制度，以上所有原因都是从政治系统外部分析。除此之外，内部因素需要延着历史路径的脉络探寻新闻发布制度自身的逻辑，中国现代新闻发布制度遵循的底层结构并未跳出传统的政治文化与实践范畴，而是处处充满张力，更需要解读国家与地方、地方与地方、机构与媒体、组织与公众等关系在新闻发布制度进程中的作用。唯此，才能相对全面地分析中国新闻发布制度逻辑的稳定性之外显示出“动态平衡”的原因。

# 第三章 新闻发布机制运行中的三组关系

## 第一节 “宣传”与“传播”的内在勾连

### 一、“宣传”[①] 的坎坷历程

1. 宣传的诞生

“宣传”一词历久弥新，在中外语境中有不同的含义。“宣传”在中国古已有之，远早于西方国家。在《三国志》中就多次出现“宣传”一词：“延熙五年还朝，因至汉中，见大司马蒋琬，宣传诏旨，加拜镇南大将军。”“先主亦以为奇，数令兼宣传军事”，“今城中强弱相陵，心皆不定，以为宜令新降为内所识信者宣传明教。”可见“宣传”自诞生之初就与军事和战争活动十分密切。在西方，虽然宣传的概念出现得较晚，但是有学者认为，从洞穴图画中也可以看出宣传的“影子”。克罗马侬人的洞穴图画暗示了原始仪式和习俗的庆祝，但它们通常描绘自然环境的特征，如动物或狩猎场景，并且它们的目的可能纯粹是装饰性的。另外，如果它们是庆祝性的，并且被设计为向来自同一村庄或其他地方的其他人施压，那么，它们可以被视为一种宣传形式。在新石器时代的洞穴图画中，我们看到人们互相使用武器，使这些图画成为战争宣传的最早形式。[②]“宣传”对应的英文单词是“propaganda”，最初带有宗教色彩，罗马教皇格里高利十五世于1622年创办“信仰宣传圣教会”（Sacra Congregatio De Propaganda Fide），该机构的宗旨是维护天主教的统治地

① 国内学界对“宣传”的研究颇多，但总体上可分为两类，一是在马克思主义新闻思想下宣传策略的研究；二是对“宣传”观念和实践的学术考察，代表著作是刘海龙教授的《宣传：观念、话语及其正当化》（2013）。

② Philip M. Taylor. Munitions of the mind——A history of propaganda from the ancient world to the present era［M］. Manchester，UK：Manchester University Press，2003.

位，对抗方兴未艾的宗教改革运动。可见，“propaganda”这一来源于拉丁文的词语从一开始就染上了反科学、反真理的色彩，[①] 这很容易让人联想到“信仰”与“科学”的对抗。据西方学者研究，在1913年版的《不列颠百科全书》中尚未出现propaganda词条，直到1914年第一次世界大战爆发前，propaganda这个拉丁文词汇仍不是一个大众用语[②]，第一次世界大战成为宣传研究的分水岭。拉斯韦尔在《世界大战中的宣传技巧》中将“宣传”定义为：运用故事、谣言、报告、图片及其他社会传播形式来控制舆论。宣传是对现代社会的广阔性、理性和随意性的本能反应，它是新的社会发动机[③]，拉斯韦尔甚至将宣传的运作机制视为“揭示社会行为的秘密原动力”，这位在24岁就写出博士论文的天才青年被时人评价为权谋论者，1927年，他的博士论文刊行时，一位评论家称其为“一本马基雅维利式的教科书，应当马上予以销毁”[④]。第一次世界大战后对宣传的分析的确表明了学者们对大众传播效果的某种思考，但是这种思考始于战争和军事需要的时代语境，并且最终目的是服务于政治需要。这奠定了大众传播研究的最初理论，也为后来的“子弹理论”或“靶子论”埋下了伏笔。

2. 宣传与说服

1937年，美国成立了宣传研究所[⑤]，专门研究宣传的理论和技巧，其中就包括我们称之为“态度改变”的一种科学理论。宣传研究所最知名的出版物《宣传的完美艺术》提出了七种常见的致力于改变人们态度的宣传设计：①辱骂法，即给某思想赋予一个不好的标签，让人在不经查证的情况下就可以谴责这种思想，普遍用于政治和其他领域的公开演讲中。这里的辱骂不是单指污言秽语的辱骂，重点是赋予不好的标签。②光辉泛化法，也称晕轮效应、光环效应，即将某事物与好字眼联系在一起，借好事物的光使我们不经证实而接受或赞同另一事物，光辉泛化法的使用极为普遍，我们很难留意到

---

① 龚文庠. 宣传的幻术——美国政治传播中媒介手段的运用［J］. 国际政治研究，1993（4）：63-69.

② 沃纳·赛佛林，小詹姆斯·坦卡德. 传播理论：起源、方法与应用［M］. 郭镇之，等，译. 北京：华夏出版社，1999.

③ 拉斯韦尔. 世界大战中的宣传技巧［M］. 张洁，田青，译. 展江，校. 北京：中国人民大学出版社，2003.

④ 沃纳·赛佛林，小詹姆斯·坦卡德著，郭镇之等译. 传播理论：起源、方法与应用［M］. 北京：华夏出版社. 1999：107.

⑤ 沃纳·赛佛林，小詹姆斯·坦卡德. 传播理论：起源、方法与应用［M］. 郭镇之，等，译. 北京：华夏出版社. 1999：125.

它。例如，产品名称与促销。③转移法，即将某种权威或约束力、某一令人尊敬和崇拜的事物的威信转移到其他事物上，使后者更可被接受。转移法通过联系过程起作用，但不同于通过联系认定有罪，而更像“通过联系而欣赏”，传播者的目标是将一种观念、产品或某项事业与人们赞赏的东西联系起来。④证词法，即要某些令人尊敬或使人讨厌的人说出特定的观念、节目或产品，或说人的好话或坏话。证词法在广告和政治宣传中是一种很常用的技巧。⑤平民百姓法，是指某讲话者企图让受众相信他或她的想法是好的，因为这些想法是人民的想法，是普通老百姓的想法。⑥洗牌作弊法，即选择采用陈述的方法，通过事实或谎言、清晰的或糊涂的、合法的或不合法的叙述，对一个观念、计划、人或产品做尽可能好或尽可能坏的说明，其实这种采用单方面消息的做法只有争议的一方的意见被表达出来，在两方面消息中，也可能简单提及反面意见。单方面消息对某类人非常有效，而两方面消息对另一类人非常有效。⑦乐队花车法（band wagon），就是每个人正在做它，宣传者用这种方法企图说服团体中的所有成员接受他的计划，即我们必须跟随大家，跳上乐队花车。宣传研究所设计的这七种宣传策划技巧在当时受到很多宣传家们的推崇，虽然后来的科学研究不断证实这些技巧的确能使态度改变，但是并非对每个人都起作用。

除了宣传之外，说服也是大众传播的一种形式，而且是很多人感兴趣的一种形式。说服可能已经成为人们生活的一部分，人们似乎不可遏制地想要影响别人，即使在最亲近的朋友或家人之间。说服特别可能成为民主社会生活的一部分，因为在民主社会里，最可靠的控制手段便是对人们态度的影响。宣传研究之所以小心研究说服问题，就是为了避免由恐惧带给人们心理的阴影，这种恐惧是被战争煽起的，那就是宣传可能赢得人民的热情，压倒他们的理智。[①]

宣传和说服最终要改变的是行为，但是首先需要改变态度，心理学家奥尔波特（1954）曾将态度（attitude）描述为“在当今美国社会心理学中可能最清晰和最不可取代的”概念，态度已开始取代从心理学借用的含混不清的术语，如本能、风俗、社会力量和感情。20世纪50年代，霍夫兰的说服研究其实已经涉及宣传中态度改变的一系列命题，包括信源的可信性研究、恐惧

---

① 沃纳·赛佛林，小詹姆斯·坦卡德．传播理论：起源、方法与应用［M］．郭镇之，等，译．北京：华夏出版社，1999：122.

诉求的分析、一面之词和两面都说、先说和后说、成员身份、态度改变等。宣传这一既古老又现代的话题，在当下社会的说服式传播中，用事实和真理说服公众还是用貌似真实的假象蒙蔽公众，高下立判。

3. 宣传与操纵

战后宣传实践采取了一系列新手段，我们称为新宣传。新宣传不仅考量个体和大众思想，还要剖析社会中相互交织、错综复杂的组织形态及其忠诚度。新宣传不仅将个体看成社会有机体中的一个独立细胞，更视之为有序融入社会共同体的一分子，一旦刺激了某一根敏感的神经，就会获得有机体中相应成员的自动响应。① 新宣传将社会结构视为一个整体，持续聚焦并致力于实现大众的意志。即使是一项人人心知肚明、众望所归的改革，如果未被清晰地表达出来，未向具体的法律规则制定者施加足够大的压力，也是不可能被付诸行动的。② 在政治活动中，宣传通过操纵语言和表达机制来控制或引导人们关于所争议问题的态度以及随后发生的行为。

如果说说服是宣传中的“温和”手段，那么，“操纵”和“控制”体现出来的就是宣传的暴烈意涵。宣传家的目的是运用操控机制让公众接受特定的观点或产品。伯内斯认为，所有重要的事情都需要宣传，对宣传而言，重要的是普遍、持续，要严密精微地控制公众思想，就像军队控制士兵的身体。③ 穆尔扎对具体的操纵方法有详细的描述：“当一个人想操纵我们的意识，把他的信息报道用文本或行为的方式传递给我们时，他的目的是提供给我们一些符号，让我们把它们嵌入到上下文，并以我们的理解来改变这一上下文的形象。他把自己的文本或行为同现实的种种联系暗示给我们，并把这些联系的解释强加给我们，让我们按照操纵者所希望的方向对现实加以歪曲。”④ 因此，“操纵”这一隐喻的现实意义在于，为公众的意见、兴趣、情绪甚至意识形态进行程序编制，其最终目的是操纵公众的行为。“操纵”有一个隐含前提，即把意识被操纵的人视作对象，视为某种特殊的物种。⑤ 被操纵的对象是没有主体性的，不具备思考能力和意识能力，如牵线木偶般按照操控者的指

---

① 伯内斯. 宣传［M］. 胡百精，董晨宇，译. 北京：中国传媒大学出版社，2013.

② 伯内斯. 宣传［M］. 胡百精，董晨宇，译. 北京：中国传媒大学出版社. 2013：55.

③ 伯内斯. 宣传［M］. 胡百精，董晨宇，译. 北京：中国传媒大学出版社. 2013：51.

④ 谢・卡拉-穆尔扎. 论意识操纵［M］. 徐昌翰，等，译. 北京：社会科学文献出版社，2004：33.

⑤ 谢・卡拉-穆尔扎. 论意识操纵［M］. 徐昌翰，等，译. 北京：社会科学文献出版社，2004：20.

令行动。虽然有学者用有限效果论去证明宣传技巧对不同人群的操纵效果有夸大之嫌，但不能否认的是，宣传在不断认识到“操纵”动机的公众中依然有很大功效，只是这种功效的发挥在新时代语境下具备了新的科学化内涵。

## 二、“传播”的科学化内涵

随着全球化的加速，政治活动日趋民主化，对政府信息透明化的要求也越来越高，宣传的内涵和形式发生了很大变化。刘海龙博士曾在《宣传：观念、话语及其正当化》一书中专门探讨了“宣传”的话语变迁，他认为替代“宣传”的“传播”既可以用于沟通，也可以用于遮蔽；它不仅是一个共享行为，还是一种复杂的政治。《芬克和瓦格纳标准大学辞典》中界定的“宣传”一词有四种含义：①指一个主教团体，其职责是监督国外传教活动，还特指圣道传信部；②指所有传播教义或制度的机构或计划；③指为赢得公众对某种观点或行动的支持而采取的系统性努力；④指一项宣传运动所倡导的原则。从以上四种定义判断，宣传在其真正的意义上乃是一种具有完全合法性的人类活动形式。任何社群所抱持的信念，不论是社会的、宗教的还是政治的，只要是通过口语或文字昭告天下，它就可归为宣传实践①，与后来指向性极强的“说服”和“操纵”甚至控制关系不大。虽然不论在政治、金融、制造业、农业，还是在慈善、教育或其他领域，任何重要的社会行动皆须借助宣传的力量（宣传乃是隐蔽通知发挥效能的武器），但是仍然有人对“宣传”感到不愉快。如前所述，“宣传”话语的正当性受到了战争的影响，美国学者阿什德和约翰逊曾区分了新旧两种宣传②，这两种宣传的区别有两点很重要：一是与媒体的关系不同。旧宣传因为针对大众，选择大众媒介时会重点使用某种或几种媒体；而新宣传则主要使用组织报告、记者招待会等方式向媒体提供信息，成为他们的信息源，而不是直接控制媒体。二是宣传的目的不同。旧宣传的目的是改变受众的态度和信仰，促成某种行为；而新宣传的主要目的是保持组织的正当性，使其继续生存，它并不需要说服所有人，只需要说服与组织的生存息息相关的特定受众就足够了。③ 由于政治宣传缺乏“科学性”，容易引起政治立场上的纠纷，所以和“舆论”等概念一起，逐渐

---

① 伯内斯. 宣传［M］. 胡百精，董晨宇，译. 北京：中国传媒大学出版社，2013：46-48.

② David Altheide，John M. Johson. Bureaucratic Propaganda［M］. Boston：Allyn and Bacon，1980：78.

③ 刘海龙. 宣传：观念、话语及其正当化［M］. 北京：中国大百科全书出版社，2013.

被“大众传播”“说服”“态度”“议程设置”等概念所替代。①

不但是学者们关注到了“宣传”语境的变化，国内从事宣传舆论工作的领导层也关注到了这一变化。比如，曾任中共中央对外宣传办公室主任、国务院新闻办公室主任的赵启正在全国政协十一届四次会议记者会回答《中华合作时报社》记者的问题时表示：官方不大用“对外宣传”一词，而是用“对外传播”，特别是在外交方面，这是考虑到西方国家对“宣传”的负面情感，甚至说厌恶情绪。并且在西方国家，几乎没有一个利益集团承认它正在进行宣传活动，只有对对手才会使用宣传手段。然而，根据当前的分类，实际上，所有政治利益集团的活动都可以被视为宣传。② 在信息公开的政治活动中，人们更愿意用“信息工作”“新闻发布”“传播”等不带任何感情色彩的中性词汇来置换意识形态灌输企图明显的“宣传”一词。如前文所述，由于第一次世界大战让“宣传”一词披上了负面色彩，各个交战国都试图单方面营造有利于自己的国际舆论，以便赢得中立国的支持和参与战争的正当性，其手段抛弃了道德层面的关怀，不但采取大量歪曲、捏造事实的活动，而且将公众视为毫无抵抗能力的刺激—反应生物，这种蔑视态度让“宣传”一词在西方政治生活中遭受冷落。但仅就该词而言，客观事实是，美国所有政治利益集团组织首要关注的是社会中存在的公共舆论。一个利益集团正式组织的首要目标是通过其宣传计划来影响关于新集团的利益与要求的舆论。

宣传和传播并不是线性的先后代替关系，而是既有内涵层面的承继性，也暗自契合了新时代语境下话语方式向中立方向发展的需求。有人把“从宣传到传播”的转变视为新时期宣传工作的“创新趋势”加以肯定，虽然不能否认这种转变的积极意义，但是从政治传播的视角来看，这种转变和对这种转变的认识是有局限性的。倘若我们分析中外学者对政治传播概念的界定，更容易发现政治宣传与政治传播的内在关联，“制造同意”的政治意图清晰可辨。比如，段鹏认为，政治传播的过程包含了政府（政治家、政治组织等）、媒体（通常是大众传播媒介）、公众三个要素，并认为政治传播是政治信息经由媒体向社会公众单向传输的过程。③ 而登顿和伍德则使用“影响政治传播环境的意图”来描述政治传播的特性，并认为影响政治传播的决定性因素不在

① 罗杰斯. 传播学史［M］. 殷晓蓉，译. 上海：上海译文出版社，2005.
② 杜鲁门. 政治过程——政治利益与公共舆论［M］. 陈尧，译. 天津：天津人民出版社，2005.
③ 段鹏. 政治传播、发展与外延［M］. 北京：中国传媒大学出版社，2011.

于消息的形式和来源，而在于它的内容与意图。[①] 这种有关政治信息的内容和劝服、控制的“意图”即为宣传概念的内核，并伴随宣传概念诞生、发展乃至演变的全过程，因为政治传播不同于一般的文化传播，政治传播与“宣传”的关系更为特殊。荆学民和施惠玲认为，带有“传播”字眼的“政治传播”具有以下本质属性：第一，政党和政府是传播的主体；第二，传播内容的意识形态性；第三，单向度的政治灌输性；第四，强烈的劝服性；第五，大众性或公众性。就此而言，政治传播虽然不能理解为完全意义上的宣传，但也不能丢掉宣传的基本特质及其所带来的优势。因此，“从宣传到传播”的认识理念并不能无条件地适用于政治传播，应防止矫枉过正。放眼全球化背景下的政治传播，无论哪个政党或国家，都不可能淡化甚至放弃其主体性、政治性、劝服性、灌输性和单向性而单纯注重所谓“互动”。荆学民将这种现代宣传的新形态、新变种和新阶段称为“政治宣传 2.0”。[②] 无论关于宣传的话语和形式如何变化，宣传路径如何创新，宣传意图如何伪装，其内在的掌控和规约的欲望始终设有发生根本改变，而且在具有“政论传统”和“政治家办报传统”的中国，政治宣传烙印深刻，这其中便包含了政治传播的主体、客体、内容、形态和效果等诸多因素。在全球化和信息化发展日益深入、互联网新媒体技术快速发展、传统媒体话语权受到严重冲击的当今社会，充斥于网络空间的舆论斗争与危机公关无不或隐或现地蕴含着丰富的政治宣传话语。

从“宣传到传播”不是放弃了政治目的性而追求纯粹的互动，而是在坚持政治目的性的前提下追求政治系统内外信息的流动。从另一个角度看，对“传播”纯粹追求信息互动的看法限制了其运用，因为它妨碍了人们认识到这样一个现实：努力去说服亿万公众构成我们这个社会的一个基本过程。在这个意义上，宣传只是一种交流方式，在道德上是中立的。特定宣传手段的方式及其目的可能有好有坏、有真有假、有诚实不诚实，这取决于人们的判断依据。然而，作为一种社会过程，宣传与买卖一样，都不是道德问题。[③] 有了这样一个前提，也就不难理解为什么在国外公众舆论对“propaganda”避之唯恐不及的情况下，包括我国在内的一些国家仍然在直言不讳地进行“宣传”，主管意识形态工作的综合职能部门是中共中央宣传部，负责让世界了解一个

---

① 布莱恩·麦克奈尔. 政治传播学引论［M］. 殷祺，译. 北京：新华出版社，2005.

② 荆学民. 探索中国政治传播的新境界［J］. 中国人民大学学报，2016（4）：74-81.

③ 杜鲁门. 政治过程——政治利益与公共舆论［M］. 陈尧，译. 天津：天津人民出版社，2005：240-241.

真实中国的办公室是中共中央对外宣传办公室，全国大大小小的“宣传部长”更是活跃在“宣传”工作的第一线，全国各省新闻宣传思想工作会议强调“发出‘好声音’，宣传‘正能量’”等，并把宣传工作视为事关国家意识形态的根本走向，而“能否做好意识形态工作，事关党的前途命运，事关国家长治久安，事关民族凝聚力和向心力”。

对政府而言，政治传播更强调管理职能，是对传播主体与社会公众之间的传播沟通行为与状态进行管理，或对传播主体与社会公众之间传播沟通的目标、对象、媒体、资源、过程与效果等基本要素进行管理，以提高知名度和美誉度，塑造良好形象，争取公众对政府工作的认同、理解和支持，最终实现发展目标。① 新闻发布的对象从来不是单纯地面对国内媒体和公众，信息全球化带来的“透明国际”概念促使信息公开成为一种新的宣传手段。公众是否便于接近以往被垄断的政府信息和社会公共信息、媒体是否有渠道报道某些新闻成为衡量民主、自由等软实力的参数。这也契合了小约瑟夫·奈提出的软实力理念，他认为软实力有三个维度，一是最直接的即日常的传播活动，主要利用国内外新闻媒体，对内政外交进行解释说明；二是策略性传播，如政策或广告的宣传战役，在一段时间内，集中对某个中心主题进行有计划的宣传；三是通过长期的学术活动、互访、培训、研讨、会议和媒体接触，与关键个人建立长久的关系。② 通过这三个维度，从无到有再到作为日常性的传播活动的常态化，借由中立化色彩浓厚的新闻发布体系向世界展示现代国家形象，并进而营造良好的国际舆论环境。

《中华人民共和国外国常驻新闻机构和外国记者采访条例》中的规定进一步为外国记者在我国采访提供了便利，例如，外国常驻记者证的办理时间大大缩短。国外媒体机构对中国的关注与日俱增，有些记者在国新办新闻发布活动中也有十多年的参与经历，他们见证了中国信息公开建设的发展历程，这种“看不见的宣传”可以通过记者的亲身经历传播到世界各地。但是就我国目前层级最高的国务院新闻办公室的新闻发布现场来看，外媒的关注度和参与度却呈下降趋势，在国外媒体上也较少看到直接从新闻发布会上得到的消息，其背后的原因比较复杂，一方面要承认，由于当下新闻信息传播的渠道更为多元，新闻记者获取信息的源头拓宽到各个新媒体平台和政务网站，

---

① 李华君. 政治公关传播：形象塑造、公众沟通与媒介框架［M］. 武汉：华中科技大学出版社，2013.

② Joseph S. Nye，Jr. Soft Power：The means to success in world politics［M］. New York：N. Y.，Public Affairs，2004.

另一方面也要承认新闻发布会除了要“对内传播”，也要力求向世界展示中国，这都对当前新闻发布制度的运作提出了更高要求。

## 三、后真相时代的“宣传”效果

“后真相”原本用来形容一种畸形的舆论生态——相对于情感及个人信念所产生的“强大影响”而言，客观事实对民意的形成只能产生“有限影响”。这个概念最早见于1992年美国《国家》杂志（*The Nation*）的一篇文章中，被赋予“情感对舆论的影响力超过事实”的含义。2016年8月，《纽约时报》刊发伦敦大学教授威廉·戴维斯（William Davis）的时评，指出传统主流媒体长期以来奉若圭臬的“真相”已经从神坛跌落，逐渐失去了主导社会共识的力量，世界已经进入了“后真相时代”。同年，牛津词典将“后真相”（post-truth）一词纳入为年度词汇，与2015年相比，该词使用频率约增长了2000%。不同于“post-war”（战后）、“post-match”（赛后）等表示某一特定情境或事件之后的词语，“后真相”并非时间先后的表征，而是像1945年出现的“post-national”（后民族的）、1971年出现的“post-racial”（后种族的）等概念一样，其内涵大大地拓展和延伸了。[①] 牛津词典对“后真相”的释义为：它指的是这样一些情形，即诉诸情感和个人的信念要比客观事实对形塑公众舆论的作用更大。近几年，“后真相”成为西方政治传播的新现实，美国总统大选、英国脱欧等政治现实让人们认识到事实与真相的虚无化，特别是加上社交媒体中算法导向的回声室效应，导致一些秉持极端立场的政治人物操纵民意，隐蔽地设置观点性议题而非事实性议题[②]，从而进一步放大和强化了某种情绪或偏见，强化了政治信仰两极化的趋势。2017年年初，白宫新闻发言人肖恩·斯派塞（Sean Spicer）又提出“替代性真实”（alternative realities）的概念，与传统主流媒体的新闻报道相抗衡，将“后真相”的概念直接用作美国新政府执政话语体系的核心理念。所以，这种后真相社会语境对新闻发布进程来说带来的第一个思考就是：既然整个社会进入了“后秩序”时代，群体价值、观点让真相和事实不断下沉，新闻发布还有多大价值？这里要明确的是中外政治传播和政治文化的差异。

---

① 支庭荣，罗敏．“后真相”时代：话语的生成、传播与反思——基于西方政治传播的视角［J］．新闻界，2018（1）：54-59．

② 史安斌，杨云康．后真相时代政治传播的理论重建和路径重构［J］．国际新闻界，2017（9）：54-70．

造成“后真相”大行其道的另一个重要因素是社交平台所依赖的算法推荐。其基本原理是：收集用户的所有状态更新，包括其转发的新闻以及点赞和评论等，这些数据会被转化为相应的分数，这个分数决定了该条信息能否成为脸书向其用户推送的热门新闻（Trending News）。美国大选结束后，脸书因传播假新闻而受到舆论指责，其创始人马克·扎克伯格（Mark Zuckberg）辩称，脸书推送的假新闻只占其信息发布总量的1%。但即便是这些1%的假新闻，如果失去了传统把关人的监督，也会以病毒式的几何级数海量传播，产生难以估量的影响。迫于舆论压力，2018年，脸书决定强化人工编辑体系，在全球范围内大幅扩编内容审核员队伍，由最初的1500人逐渐增至8000人。另外，“算法推荐”机制本身也遭到了越来越强烈的质疑。苹果公司就是在“算法导向”浪潮中选择自己的做法，即采用新闻编辑的“人工导向”原则，并为此聘请大量经验丰富的传统媒体编辑来运营这一业务。这些由人工智能系统向受众推送的所谓“新闻”，究竟是基于什么样的标准与价值判断而被选中，公众完全不知情，这实际上是一个完全不受监管的区域，而且这些系统的内部工作机制完全不透明。虽然把控这些平台的互联网技术新贵们多次宣称，这一算法机制是公平且公正的，但一直以“保护商业机密”为由拒绝公开其运作过程。这样一来，受众就无法确知他们是否与政商权贵产生勾连。显而易见，用户通过平台看到的那些新闻也许只是利益集团想让他们看到的部分真相。本应在网络公共领域开展的“百家争鸣”也会因隐性的舆论操控而异化为网络“喷子”主导的“口水战”，异议则会化为沉默的螺旋而逐渐消音，最终导致自由和民主的根基被逐渐侵蚀。借用英国启蒙思想家托马斯·霍布斯（Thomas Hobbs）的比喻，这种“算法利维坦”将借助人工智能和大数据技术的蓬勃兴起扩张为一种新的霸权。算法成了上帝制造的“技术神祇”，方便人们在浩瀚的数据海洋中恣意遨游。与此同时，算法仍是由人来创造与运作，也就具备了半神半兽、善恶兼备的双面效应，它在给人类提供便利的同时，也会操控乃至吞噬人类。2016年，“后真相”引发的冲击主要集中于政党竞选活动，对以此为主要研究对象的西方政治传播领域所产生的震荡效应也是显而易见的。

## 第二节　新型政治资本与新闻发布的共生关系

自20世纪90年代以来，中国改革中两个主题的张力不断凸显，这是公平与效率之间的张力，具体表现在如何平衡建立一个自由市场的经济社会体制与实现社会公平的基本准则。当下朝向市场经济发展的一些努力已经在某种程度上成为社会公平的对立物，从而导致整个社会群体之间、结构之间产生了深深的裂痕。所以，必须建立一个符合时代需求的利益表达机制和利益均衡机制，推动国家改革继续向前走。如果不开启这扇大门，不同社会群体的利益矛盾就无法得到根本性解决或疏导，危机就会就此潜伏或爆发，从而影响社会的和谐和国家的稳定。因此，新型政治资本的发掘成为当务之急。从这个角度来看，党和政府的新闻发布工作正是开启这扇大门的一个重要举措。

## 一、新闻执政是怎样一种资本

无论是资本主义社会还是社会主义社会，无论是总统制还是议会制，执政者要想治理一个国家或者地区，总是要以一定的社会资源为后盾。这种资源在社会学家的视野中是一种社会资本，在政治学研究者看来，则是执政资源。那么，新闻执政的理论源泉从何谈起呢？

1916年，哈尼范在描写乡村学校社区中心时首次使用了“社会资本”一词。[①] 简·雅各布斯在《美国大城市的死与生》一书中也使用了这一名词，他在书中谈到一个好的城市街区可以让人们组成一个人际网络，而这个网络就是大城市中不可替代的社会资本。[②] 经济学家格伦·洛里和社会学家伊凡·莱特在20世纪70年代都使用社会资本来分析美国城市中心少数民族居住区的经济发展，他们发现亚洲裔美国人和另一些少数民族群体在各自的社区中保持有信任的纽带和社会联系，而非洲裔美国人却缺少这些东西，这在很大程度上说明了为什么黑人小企业相对来说没有什么发展。[③] 1980年，皮埃尔·布尔迪厄在为《社会科学研究》杂志所写的文章中认为，这种社会资本是“实际或潜在资源的集合，这些资源与由相互默认或承认的关系所组成的持久网络有关，而且这些关系或多或少是制度化的”，社会资本是一种在制度

---

① Lyda Judson Hanifan. The Rural School Communication Center [J]. Annals of the American Academy of Political and Socia Science, 1916 (67).

② 雅各布斯. 美国大城市的死与生 [M]. 2版. 金衡山，译. 南京：译林出版社，2006.

③ Glenn Loury. A Dynamic Theory of Racial Income Differences [M] //A. Wallace, A. LeMund. in Women, Minorities, and Employment Discrimination, LeMund (Lesington, Mass.: Lexington Books, 1977); Ivan H. Light. Ethnic Enterprise in America [M]. Berkeley: University of California Press, 1972.

化的社会关系中自然形成的资源。美国社会学家詹姆斯·科尔曼则从社会结构的角度阐释了社会资本的概念："和其他形式的资本一样，社会资本也是生产性的，使某些目的的实现成为可能。而在缺少它的时候，这些目的不会实现。"到20世纪80年代末90年代初，社会学家詹姆斯·科尔曼和政治学家罗伯特·帕特南更广泛地使用了"社会资本"这一名词。① 罗伯特·帕特南在1993年出版的《使民主运转起来：现代意大利的公民传统》中，通过对意大利不同地区政府在推进制度变革的过程中所取得的民主制度绩效的对比研究，验证了公民生活与制度绩效具有决定性的正相关性，并认为社会资本其实是"普通公民的民间参与网络，以及体现在这种约定中的互惠和信任的规范"。世界银行的研究报告界定社会资本是"体现一个社会的社会互动质量和数量的制度、关系和规范的总和"。福山在《大分裂：人类本性与社会秩序的重建》中认为，社会资本是"一个群体之成员共有的一套非正式的、允许他们之间进行合作的价值观或准则"②。不同层面的社会资本具有不同的含义，就个人层面而言，社会资本也可称为"人脉圈"，如南京大学教授翟学伟所研究的中国特色的人情、面子就是个人意义上的社会资本的真实写照；就社会层面而言，社会资本则反映社会成员共同参与公共事务的主观能动性；就国家而言，社会资本是治理过程中重要的手段和资源。

总的来说，通过社会资源来实现动员、整合或重组的社会资本不单单局限在资本形式的范畴，对政治学研究者们来说，执政者们的社会资本调动正是对执政资源的"盘点"。他们对执政资源的划分方法主要有以下三种：第一种是把执政资源划分为意识形态资源、组织资源、人才资源和统一战线资源；第二种是把执政资源划分为历史资源、权力资源和理论资源；第三种是把执政资源划分为思想资源、经济资源和人力资源。徐昕将执政资源按照最简单的标准划分为物质资源和非物质资源。物质资源是执政党执政过程中所必须具备的各种物质能量的总和；而非物质资源是除物质资源之外其他的一切资源，范围广泛，不仅包括思想资源、党员资源、组织资源、权力资源、人才

① James S. Coleman. Social Capital in the Creation of Human Caption [J]. American Journal of Sociology supplement, 1988 (94); Coleman. The Creation and Destruction of Social Capital: Implications for the Law [J]. Journal of Law, Ethics, and Public Policy, 1988 (3); Putnam, Making Democracy Work, 1993; Robert Putnam. Bowing Alone: America's Declining Social Capital [J]. Journal of Democracy, 1995 (6).

② 曹沛霖. 制度纵横谈 [M]. 北京：人民出版社，2005：245-246.

资源，还包括信息传媒资源、政策资源、合法性资源、形象资源、情感资源等。[①] 在新闻发布制度的价值维度层面，作为对话意义新实践的“新闻执政”(Governing with News) 理念应运而生，在美国政治传播领域流行甚广，美国政府的新闻执政实践“技艺”也颇为高超。2005 年左右这一概念被引入中国，它区别于传统的“宣传统治”(Rulling by Propaganda)[②]。按照传统主流传播学的逻辑，新闻执政主要包含三个方面的内容：①信源被执政者掌握；②媒体是传播渠道；③群众是新闻端。显然，此定义并未将新闻执政所蕴含的对话与意义凸显出来，虽然被认为是区别于传统的“宣传统治”，但是单向的传播模式在实质上并未改变。笔者认为，在高度媒介化的社会语境下，“新闻执政”概念的提出是因为将政府、媒体和公众紧密相连而被视为民主政治不可或缺的部分。

其实，执政资源的理论源头可以追溯到马克思和西方学者“合法性”资源那里，但是明确提出这一概念的则是中国共产党。这一理论的提出并不是一蹴而就的，而是有一个逐步发展和升华的过程，从“全心全意为人民服务”，到“三个代表”重要思想，再到“立党为公、执政为民”等理念，都是执政资源思想产生的理论基础。政治学所说的合法性资源指的是公众对现有政治制度的认同与忠诚，对执政当局的信赖、支持和服从，因此，拥有合法性资源是一个执政者能否持续保持执政地位的基础。2004 年 6 月 29 日，中共中央政治局就加强党的执政能力建设问题进行第十四次集体学习，胡锦涛在讲话中第一次提出了执政理论的完整体系，执政资源成为党执政理论体系的重要组成部分，“党的执政理论建设是一项系统工程，包括执政理念、执政基础、执政方略、执政体制、执政方式、执政资源等主要方面，要坚持马克思主义执政理论与我们党执政具体实践相结合，在总结历史经验和现实经验的基础上，开展全面、系统、深入的研究，不断完善党的执政理论体系”。中国共产党十六届四中全会《关于加强党的执政能力建设的决定》明确提出：“通过全党共同努力，使党始终成为立党为公、执政为民的执政党，成为科学执政、民主执政、依法执政的执政党，成为求真务实、开拓创新、勤政高效、清正廉洁的执政党。”这是我们党在

① 徐昕. 执政资源论［M］. 北京：中共中央党校出版社，2009.

② 清华大学政府发言人制度课题组. 新闻发布与新闻执政的紧迫性［J］. 新闻记者，2005（1）：44-47.

历史上第一次对建设一个什么样的执政党提出了明确的总体要求。①

虽然我国在20世纪80年代就已经萌发了信息公开意识，但新闻执政概念引入国内后，依然获得了国内学界和政界的很大认可。在新的历史条件下，"新闻执政力"被作为官员素质的新要求提出，新闻媒体被执政者当作特殊的执政资源，也是维护自身地位合法性的重要手段。在韦伯那里，统治系统的合法性意味着人们愿意主动服从该统治，并根据该统治系统的规则来行动。归根结底，执政者通过新闻执政建立了合法性，本质上是社会公众的一种心理认同。它一方面有赖于执政党加强自身的执政能力建设；另一方面，如何有效地与社会公众建立良好的沟通关系、树立良好的执政形象至关重要。② 新闻发布制度的建立和巩固体现了在追求新闻执政过程中寻求公众认同，并在意义共通领域建立对话。

## 二、新闻发布中的角色赋权

从传统政治学的观点来看，在多种新闻发布活动中，新闻发布会是影响舆论的一个有效方法，发布会本身也许是一个象征、一个仪式。现场记者通常数十人，如果发布会本身是重要的，就会被广播、电视、网络新媒体等传播扩散，并因此获得更多人的关注。以宣传的眼光来看，新闻发布会的真正价值在于媒体报道对公众产生的冲击和影响，而不只是现场效果。新闻发布仅是整个社会制度安排中的一个环节，与其他制度政策相互协作，以实现执政者的国家治理目标。但是，如前所述，行为主义让政治学发生的最大变化就是要注重政治过程。新闻发布制度不仅是一套条条框框，更涉及发布主体、发布客体和发布渠道三者行为的过程，在这一过程中，不同角色的行为"表演"对制度的最终实现效果不可或缺。

"角色"一词来源于戏剧艺术，原本指代规定演员表演的脚本，社会科学中的角色运用大多受益于社会心理学家从中发现的巨大价值，从"角色"角度进行的分析可以帮助人们更好地了解人的社会行为。G. H. 米德首先把角色概念引入社会心理学，但他并没有给角色下一个明确的定义，只是用作一种比喻，以说明不同的人在类似情境中表现出类似行为这种现象。在米德之后，

① 徐昕. 执政资源论［M］. 北京：中共中央党校出版社，2009.

② 郑丽勇. 新闻执政及其合法性效应考察［J］. 南京社会科学，2010（10）：115-120.

社会学领域的很多学者集成并丰富了角色理论①，其中最为人熟知也是引用率较高的角色理论家要数戈夫曼，他的拟剧论将社会比作舞台，把每一个社会成员都当作演员来解释人们的日常生活。实际上，官方、媒体和公众是新闻发布场域中的三种角色，三者在相对客观的社会环境中进行互动，在互动过程中扮演了不同的角色，每一种角色都需要有自己的表演方式，这种表演方式的脚本和演技又要靠什么来支撑呢？换句话说，在相对独立的空间内，要追求对话交流的平等信息传播目标，它们分别要具有怎样的对话资本？特别是对权力拥有者的官方来说，媒体和公众的权力又从何而来？

围绕权力的来源及其如何正当行使的理论，吴长青认为，这些理论虽然流派纷呈，总的说来无非就是“君权神授”（上帝授予），还是“君权人授”（人民授予），“在中国大陆，理论家们在为‘权为民所赋’和‘党内民主’的制度设计之间的关系创新理论绞尽脑汁”②。“赋权”（empowerment/empower）成为改革开放后社会力量释放过程中运用较多的词语，它还被译为增权、充权、激发权能、强化权能等。赋权往往用来指对社会底层或社会边缘的弱势群体进行权力分配的过程与方式。官方新闻发布中，官方的“脚本”是将信息公开，把公共信息呈现给媒体，但是又不能全部呈现，在保密和公开之间总是偏向于更加“保守”的方向；而媒体向来是以“二次售卖”为原则的，媒体也并不天然地具有挖掘信息的动机，背后最大的动力还得归因于注意力。在政治家和媒体这一对伙伴的关系中，每一方都为他们针对受众的特定目标而努力，但又不得不通过与另一方达成某种合作而达到目的。这不仅是一种相互依赖的关系，因为在这对伙伴关系中，缺少任何一方都是没有意义的；还是一种彼此调整策略进而相互适应的过程，官方试图通过接近媒体语境改变自己的表述方式。“原国务院新闻办主任赵启正曾把发言人与记者关系概括为五句话：记者不是你的部下，不是你的学生，不是你的朋友，也不是你的敌人，他是你的挑战者。”③ 挑战与被挑战的关系意味着媒体和官方的新闻发言人要彼此适应。因为这种“关系”并不是天生存在的，它经历了

---

① R. 林顿（1936）认为，当个体根据他在社会中所处的地位实现自己的权利和义务时，他就扮演着相应的角色。H. H. 凯利和 J. W. 蒂博（1959）认为，角色是他人对相互作用中处于一定地位的个体的行为的期望系统，也是占有一定地位的个体对自身行为的期望系统。

② 吴长青. 权力的来源问题［EB/OL］. 共识网. http：//www.21ccom.net/articles/sxpl/sx/article_2011052736331.html，2011-5-27.

③ 深圳市长谈新闻发言人：记者不是敌人是挑战者［EB/OL］. 南方新闻网. http：//news.sina.com.cn/c/2006-07-11/143010392199.shtml，2006-7-11.

从部下到敌人到挑战者的理念认识的转变过程；而媒体也因为信源保证或其他理由需要和官方保持一种独特的关系，或者以私人的关系，或者以媒体机构的关系，总之是一种依赖和调适（adaptation）的关系。无论目标如何不一致，双方都需要调整自身行为并随时准备适应对方，准备交易的双方也必须给对方提供接近有价值资源的途径。

对官方和媒体来说，大众媒体提供给政治家可信赖的信息通道以将其信息传达给受众；而政治家们则提供给记者与某一事件可能具有关联、意义和影响的信息，以及受众消费的光明前景。“在公众所消费的政治传播中反复出现的互动是协商性的”，其参与者不是未经社会化的个体；相反，他们是角色中人，其工作关系因此受到规范和机构约束的影响。角色理论也从以下三个方面很好地阐释了新闻发布中的几组关系：首先，这种思路可以将政治传播者的行为置于他们各自的组织环境（organizational settings）——它是对角色的主要限定性因素，且角色的主要行为发生在其中——加以解释。例如，新闻发言人必须代表所在机构、组织利益发表讲话。其次，这种思路将“角色”视为行为的塑造者和规制者，能够将媒介职业人员与党派宣传者之间的互动和某个社会的社会政治文化背景联系起来，不同的社会文化拥有并塑造了不同的大众媒介结构、不同的组织方式、不同的职业意识形态，以及各异其趣的工作实践。同时，政治机构的结构和运作方式是同一种文化力量的产物。因此，在这些机构之间发现高度的契合毫不奇怪。①

不管如何辩驳和冗词修饰，相对于公民个体而言，统治者的强大权力依然是不可掩盖的事实，关键是如何认识现代社会中是否有对之进行约束的其他力量。首先是媒体。自 20 世纪 20 年代起，媒体就已显示出其巨大的社会效应，魔弹论、强大效果论等传播学研究也随之出现，从彼时一直到当下的信息时代，媒体早已成为一种“谁也不敢小觑更不会漠视的力量”。其次是公众。相对于官方和媒体的权力来说，公众在信息传播过程中的地位和作用更不可忽视。美国《自媒体：受众正如何影响新闻信息的未来》报告称，到 2021 年，受众将生产 50%的新闻内容，届时主流新闻媒体也将不得不采纳和

---

① 杰伊·G. 布鲁姆勒，迈克尔·古列维奇. 政治家和新闻界：一篇有关角色关系的论文［M］//奥利弗·博伊德-巴雷特，克里斯·纽博尔德. 媒介研究的进路：经典文献读本. 汪凯，刘晓红，译. 北京：新华出版社，2004.

实践这种全新的新闻传播形式。[①] 目前来看，下这样的结论为时尚早，但是媒介渠道上到处可见的用户内容生产（User Generated Content）模式早已证明，公众正成为崛起的社会力量并通过自己的媒介渠道发出声音。赋权最本质的特点是赋予社会成员管理自我、社区及相关事务的权力，并在管理和解决问题时与他人分享知识和技能。通过赋权机制，社区成员及其组织被动员起来，通过对话和社会行动参与到社区发展之中。[②] 自赋权理论提出以来，赋权传播实践多是由国际非政府组织（NGO）在第三世界地区动员草根民众参与、实施的，在试验探索中，媒体被用于服务社区的需求、参与、对话和文化整合。

## 三、新闻发布制度对执政资源的丰富

近年来，专门以“执政资本”为研究对象的成果越来越多，比起有形的执政资本，每个社会都存在一定的无形资本。按照亨廷顿的理论，制度建设中存在一种“滚雪球”效应，或称示范效应，即在一个国家，某些独特的原因 a，可能在该国引起事件 X，但是此后，事件 X 有可能在其他国家引发类似事件，然后它们又对其他的一些国家产生滚雪球效应。现代新闻发布制度这项在西方国家现代化过程中出现的制度在中国就产生了这种“滚雪球”效应[③]，但是即便是同一名称的制度，由于国情不同而受到不同的历史、制度、发展阶段、文化背景等因素的影响，也让制度产生不一样的呈现状态。

所谓国家、政府和政党的“历史性”，事实上是统治阶层以自身的历史血脉为基础，通过吸收、融合、服务于社会集体意向而不断完善并彰显自己权威价值的过程。传播的“历史性”则意味着国家、政府、政党和社会能在主体间性基础上为公共事务注入时代化的政治意义，并使其作为一种信息载体，不断传承、改造政治思想和政治理念。“新闻执政”提醒执政者“善待、善用”新闻媒体这种大众化传播工具，以便更好地为国家治理提供好的舆论环境。

新闻发布制度是对执政资源的丰富，不管是传统的新闻发布会形式，还

① 相德宝. 自媒体时代中国对外传播策略［C］//姜加林，于运全，编. 全国第二届对外传播理论研讨会论文集，2012：83.

② 王锡苓，孙莉，祖昊. 发展传播学研究的“赋权”理论探析［J］. 今传媒，2012（4）：14-17.

③ 塞缪尔·P. 亨廷顿. 第三波 20 世纪后期的民主化浪潮［M］. 欧阳景根，译. 北京：中国人民大学出版社，2013：31.

是多种多样的新闻发布活动，抑或是采取契合网民阅读偏好的网络新闻发布，目的都是要塑造多层面、多渠道、立体化的信息公开方式，让公民了解国计民生的真实情况，并参与到公共政策的制定过程。2004 年，中国共产党第一次明确提出“执政资源”并将之纳入官方文件。党的十六届四中全会也指出，“要重视对社会热点问题的引导，积极开展舆论监督，完善新闻发布制度和重大突发事件新闻报道快速反应机制”。新闻发布制度作为一种新的信息公开方式，与传统的方式有何区别？执政者怎样能够充分发挥这样一种制度的功能呢？这里有两种政治模型可以参考，即理性主义模型和渐进主义模型。前者是将制度性的改革和公共政策制定看作执政层面合目的性地实施的理性行为；而后者则认为改革往往是增量型的改动，并不会彻底推翻改革前的根基。政治学家查尔斯·E. 林德布洛姆在批评传统的理性主义模型时首次提出了渐进主义模型。① 渐进主义模型认为，由于时间、信息和成本等因素的限制，决策者根本无法对所有改革和政策选项及效果进行充分评估，“理性—理解”型文化其实是一个更加保守的决策过程，其保守性具体表现在，它将现有项目、政策和开支作为思考问题的基础，决策者一般都认同既有项目的合理性，同时同意延续原来的政策。② 正如在孙志刚事件和“非典”疫情暴发案例中所示，当一个事件的目的不是与政权对抗时，改革派领导人能够利用这样的事件来启动对当下政策和实践的改革，从而导致政治的渐进变革③，其中就包括倒逼机制下产生的现代新闻发布制度。增强权力运行的公开性和透明度，让权力过程运行在阳光下，是避免权力失范、错位的治本之策。这就要求扩大人民群众的决策参与，从制度建设上保障公众的“四权”（知情权、参与权、表达权、监督权），“对涉及经济和社会发展全局的重大事项，广泛征求人民群众的意见，充分进行协商和协调；对专业性、技术性较强的重大事项，认真组织专家论证、技术咨询、决策评估；对与人民群众利益密切相关的重大事项，实行公示、听证等制度”④。新闻发布制度是建设阳光政府的必要措施，其中，主动通过大众媒体和新媒体渠道传播决策层的纲领政策、重大社会事

① Charles E. Lindblom. The Science of Muddling Through [J]. Public Adminitration Review, 1959 (19): 79-88; Aaron Wildavsky. The Politics of the Budgetary Process [M]. Boston: Little, Brown, 1964.

② 戴伊. 理解公共政策 [M]. 彭勃，等，译. 北京：华夏出版社，2004.

③ 郑永年. 技术赋权：中国的互联网、国家与社会 [M]. 邱道隆，译. 北京：东方出版社，2013：165.

④ 王明高. 让权力在阳光下运行 [N]. 人民日报，2010-6-2 (7).

件、突发热点信息的态度和行动都彰显了对无形执政资源的重视。

近年来，从电子政务、新闻发言人到党务、军务、政务信息公开体系的建成，越来越多的法律法规和规章制度对权力的公开运行提出了要求并提供了保障，新闻发布制度也从法制层面促进了执政能力的提升。

## 四、信息发布与政治神经的“沟通—反馈”关系

社会学视角下的政治是一种功能化的政治，政治成为社会功能之一。与经济学家相比，政治的功能已经不再仅仅针对经济领域，而是针对整个社会。例如，在斯宾塞看来，社会组织由三部分构成：营养（生产）、分配与循环（商业、交通、银行）和调节（管理机构、统治机构和政府）。政治的功能就是在整个社会有机体中充当调节器，使社会有机体能够协调运转。因此，政治沟通与反馈成为学界关注的焦点。自 20 世纪 50 年代起，政治学家卡尔·多伊奇系统地阐述了他的政治沟通理论，对政治系统以及各国政府适应和控制环境（政治系统所处的自然环境和社会环境）的能力进行了广泛的比较研究，这些思想主要凝结在《政府的神经》（1963）和《政治和政府——人类如何决定自身命运》（1974）中。其中，《政府的神经》集中表达了政治沟通思想。在多伊奇看来，以往的政治学研究强调的是“权力”以及与之相对应的“服从”，现在则应当将信息置于比权力更为重要的地位，这是因为唯有在权力机构明确了应当对谁施行权力的情况下，权力才有可能得以存在。“权力观念须让位于信息观念。”①

与之相对应，多伊奇采用了控制论观点，即控制论在自然科学中的广泛应用实质上表明人类知识中心的转移——从关注动力驱动转向关注信息的有效驾驭。从信息沟通的立场出发，人们将改变考察政治生活时通常的提问方式，它所关注的问题将不再是有多少数量或多大强度政治行为发生，而是这些行为是否能够精确地传输给接受者，并引起预期的回应。不仅如此，沟通的研究方法还将研究的视线从显性的行使权力的组织或个人移向了隐性的或潜在的组织和民众，使政治凝聚力、政治的冲突或协调不再简单地表现为掌权者的命令，或突兀地显现在巨大的历史变革时期，而是广泛地、持久地体现在国家、政治或社会组织、民众相互间的信息传播项目上，通过对其沟通的广泛性和精确性的测算，可以发掘出能够有效沟通并达成共识的潜在领域，

① Karl Deutsch. The Nerves of Government ［M］. NewYork：Free Press，1966.

并依次对政治系统一致行为实现的可能性做出评估。

一个值得重视的概念是“沟通”，多伊奇承接了控制论之父维纳“沟通造就组织”的命题，认为政府或者政党与沟通系统的首要相似之处就在于，所有的政治系统都如信息通信系统那样依赖于信息的传送，它整个就是一部“旨在最大限度提高公众福祉的人造沟通机器”——唯有借助于信息的接收、传输、处理、利用和控制，通过不断地获取并反馈所有影响政治系统运行的信息，方能有效地矫正自己的行为并自动地导向于目标之达成；否则，政治系统就有可能像失去神经的有机体一样陷入瘫痪。由于信息不可能自行传递，政治系统只有通过沟通通道和沟通机制（合称沟通网络），才能接收到与其目标相关的信息，并在收集和存储的基础上对信息进行适当的处理（包括对存储的信息以及反馈的信息进行筛选、翻译、解释和分析），从而使政治系统做出与其外在环境的变化相适应的调整，并做出正确的决策。在此过程中，“记忆”和“学习”起到了极其重要的作用。

多伊奇认为，政治系统与自控系统一样，本身携带着原初存储的信息以及在不断反馈过程中积淀下来的大量信息（合称“记忆”），它们起到对新输入的信息进行“识别”的作用，并在沟通过程中被回忆出来，与从外部世界获取的“合格”信息相汇合，共同融入与当前行为相关的决策流中。这两股沟通通道相互交汇的点便是决策系统的关键点，是自控系统或政治系统的内核或自我，直接影响到组织的控制力。至于“学习”，则分为简单和复杂两种形式，前者存在于调节性的反应之中，表现为系统为达到某种一次性给定的目标状态而不断调整自身的行为；后者则是系统为减弱其内部的不均衡而不得不做出的目标调节，表现为系统在与外界信息的沟通过程中适时增加对外界信息的加载量，并尽可能扩大内部信息的整合范围，通过增加自身未来的学习和自我调控能力，避免孤立自存，使政治系统保持充分的灵活性和创造性。由此可见，沟通是政治系统的神经，是政治决策的枢纽。沟通因其直接关系到信息是否能够及时、畅通、准确地得到流动和转换而在政治系统自行导向目标达成的过程中占据着至关重要的地位。多伊奇认为，沟通的信息项目越多，传播的速度越快，在沟通中信息丢失或扭曲得越少，混杂其中的不相关信息（即“噪声”）越少，国家或政府的沟通通道或“命令链”就越具有效能，其凝聚力和整合力也就越强。相反，一个不能进行有效沟通的政治系统，则有可能因为“沟通超载”（包括信息超载、决策超载和注意力超载），以及因信息超载而引发的“狂乱追求自身的信息优先地位”，最终走向政治系统的崩溃。①

另一个核心概念是“反馈”。反馈是现代控制功能的核心观念，其基本含义是：自控系统针对目标所做的一部分“输出能”被当作“输入能”重新返还系统，被用来约束系统的后续输出，使之不至于偏离目标。具体过程是：以反复自我调节的方式，对一个外部事物做出反应，直至达到一种特定的目标状态，在调节过程中，如果反应不到位，反馈机制会继续从事调节工作（被称作“正反馈”）；倘若反应过了头，系统就会对自己的行为进行纠正（被称作“负反馈”）。不论做出何种选择，系统的行为都是与它同目标之间的差距幅度相称的。对于一个自我驾驭的系统而言，如果反馈状态良好，其结果将是呈现出行为错误递减的序列，反之则是错误激增。② 多伊奇认为，将“反馈”概念引入政治系统，其益处在于使人们能够依据“负荷”、“时差”、“得益”和“前置”对政治系统的行为进行测算。所谓“负荷”，是指相对于追寻目标的系统而言，目标发生改变的程度和速度；“时差”是指追寻目标的系统在获悉目标变化的信息后做出相应回应所需的时间量；“得益”是指系统因目标发生变化而对自身进行校正所取得的实际变化量；“前置”则是指对目标未来状况所做的预测。③ 在多伊奇看来，政治决策系统的整体活动状况有赖于上述四项因素的交互作用。④

政治科学中主要发端于社会学的组织理论——社会学制度主义在20世纪70年代以来得以革新，具体主要表现为批判组织体制的扩展来自理性化扩展的观点。其中，最典型的代表就是迪马奇奥（Paul J. DiMaggio）和鲍威尔（Walter W. Powell）等⑤，他们认为组织体制同质化过程的动力已经不再是韦伯所指出的竞争和效率需求，而在更大程度上是因为特定的组织场域之内的合法性压力。⑥ 这一流派具有以下三个特征：第一，在最广泛的意义上界定制度。在他们那里，制度不仅包含正式规则、程序和规范，还包含为人类行动

① Karl Deutsch. The Nerves of Government [M]. NewYork: Free Press, 1966: 162.

② Karl Deutsch. The Nerves of Government [M]. NewYork: Free Press, 1966: 88-89.

③ Karl Deutsch. The Nerves of Government [M]. NewYork: Free Press, 1966: 26.

④ 胡位钧. 政治沟通：当代中国政治制度研究的新途径 [J]. 复旦政治学评论, 2002 (1): 202-225.

⑤ 何俊志. 新制度主义政治学译文精选 [M]. 认军锋, 等, 译. 天津：天津人民出版社, 2007: 7.

⑥ Walter W. Powell, Paul J. DiMaggio. The New Institutionalism in Organization Analysis [M]. Chicago: The University of Chicago Press, 1991.

提供“意义框架”的象征系统、认知模式和道德模板。第二，制度影响、制约甚至决定行为的方式在于为特定社会化过程中的角色提供了某种内在的“行为规范”和认知模板，即指明行动者在特定情境下把自己想象和建构成何种角色。第三，制度之所以能够扩展，现存世界的制度之所以会出现大量的同质化现象，并不是来自理性人的算计和合作意图，而是来自这种制度能够适应特定文化背景，能够在某种文化背景和组织场域中体现出合法性。因此，从组织角度辨析信息发布与政治神经中的“沟通—反馈”关系，进而理解现代政治科学视野中的制度事实，有利于更好地理解我国信息公开的不同层面。

# 小　结

现代政治传播的价值要求政治系统内的信息能够流动相通，不同政治体系之间、政治系统的内部各子系统对信息交流的需求也是现代政治民主的必然要求。中国的政治现代化首先带来的是现代政治民主所需要的执政理念，这种执政理念要求政府信息公开，拓宽普通公众参与公共决策的渠道，在这一过程中，“透明化走向”的执政方针也随之而来。然而，这并不是一蹴而就的，而是涉及全球化的渗透、国家职能的改变、律法思想的普及、经济发展水平和传播技术的影响等复杂的因素。特别是传播技术在现代政治传播中发挥了重要作用，它能够为信息公开透明提供助力。“非典”案例在很多研究者看来都值得深入研究，在新的传播技术方面，它展示的是社会群体如何利用互联网来打破国家对信息的严密控制，并迫使国家提高政治透明度，这是走向政治发展进程的重要步骤。① 伴随着现代政治的转向，执政者看待舆论宣传的观念也开始发生变化，从注重单向的意识灌输，到注重双向的互动沟通，将公众的反馈和媒体舆情作为制定政策和调整工作进度的参考，这些都是新闻发布制度化建设政治神经的“沟通—反馈”机制发挥作用的体现。

在信息时代，媒介化政治要求执政者们要有这样一种本领：运用现代化媒体传播政治信息，并学会利用新媒介完成与媒体和公众的互动。因为媒介正是执政者运用一切资源进行社会治理的重要手段，在一场由官方、媒体及公众共同参与的力量博弈中，谁掌握的社会资源多，谁的主动性就越强。

① 郑永年. 技术赋权：中国的互联网、国家与社会［M］. 邱道隆，译. 北京：东方出版社，2013：156.

# 第四章

# 中国新闻发布制度进程的经验观察

中国的改革开放是“至少二十世纪范围里人类从未见过的艰难曲折的社会变迁，它不但迅速而深刻地改变了每一个中国人的生活，而且已经改变了世界”（王晓明，2007），这种改变对中国新闻发布制度化而言，集中发生在最近十余年。如果说，1978 年是一个东方大国重新崛起的起点的话，那么，2003 年则是中国新闻发布制度化建设黄金时代的起点。究竟中国的新闻发布工作在这个时间段里发生了什么？为什么有人会感觉中国新闻发布制度在 2003 年突然“冒出来”？一个世界目光聚焦中的大国是如何以一个开放透明、自信从容的姿态揭开“神秘”面纱？就像亨廷顿根据竞争和参与来划分民主制度一样，新闻发布制度的衡量标准又是什么？新闻发言人也会遭遇“七年之痒”吗？在经过新闻发言人的黄金时代后，为什么又变得“不敢说、不愿说、不会说”呢？等等，笔者认为，只有对中国新闻发布制度进行详细、全面的经验观察，才能真正认识中国现代新闻发布制度的内生逻辑和未来发展。

所谓制度，是包括认知性、规范性和规则性的一系列结构和活动，这些因素为社会行为提供了稳定性和意义。① 这里需要特别说明的是关于我国新闻发布制度化时间的界定问题，不少观点认为，外交部 1982 年尝试开发布会、1983 年建立发言人制度以来，已产生 23 名发言人，不少外交部发言人后来还被委以重任，如后来担任副总理兼外长的钱其琛，担任外长的李肇星，任联合国副秘书长的陈建则。关于 1983 年中国开始正式建立政府新闻发言人制度的言论也多见于媒体，以外交部发言人为代表的中国政府发言人已经成为国内外媒体和大众了解政府相关政务信息的重要渠道。② 中国正式宣布建立新闻发言人制度始于 1983 年。1983 年 4 月 23 日，中华全国新闻工作者协会（以

---

① B. 盖伊·彼得斯. 政治科学中的制度理论：新制度主义［M］. 王向民，段红伟，译. 上海：上海人民出版社. 2016：141.

② 赵磊. 省级政府新闻发言人在京集中培训［N］. 新华每日电讯，2003-11-4.

下简称“中国记协”）首次向中外记者介绍了国务院各部委和人民团体的新闻发言人。① 显而易见，上述观点认为我国的新闻发言人制度自20世纪80年代就开始了，但那种时间不固定、模式不够成熟的发布形式还算不上“制度”层面，因为对更高意义上的政治制度所做的测量指标来说，组织和程序的适应性强弱、组织结构的复杂程度等都可以表明制度的发展阶段。② 按照此种划分方法，2003年才是中国现代新闻发布制度化建设起步的关键点。这一年，国家层面首次组织了第一期新闻发言人培训班，73人接受了培训。参与了第一次培训的王旭明认为：正是从这个时候开始，中国建立了新闻发言人制度。③基于以上两种划分中国新闻发布制度的观点，笔者认为，制度与制度化大为迥异，虽然建立起来，但是仅仅停留在价值层面的制度是没有活力的，而“制度化是组织和程序获取价值观和稳定性的一种进程”④。2003年至2018年恰恰是中国新闻发布制度化大力推进的第一个15年，它对国家未来的政治理念与行为都产生了重大的影响。

制度是一个社会中的游戏规则，更严谨地说，制度是人为制定的限制，用以约束人类的互动行为。制度构成人类交换的动机。此外，所谓的交换，包括政治的、经济的及社会的行为。⑤ 亨廷顿对大量发展中国家的政治发展进程进行综合分析后，提出了衡量政治制度化水平的四项标准：①适应性，指政治体系适应环境的能力和存活能力。②复杂性，政治体系组织的复杂性，包括完整而明确的职能体系、下属组织的高度专门化。③自主性，政治组织和政治程序独立于其他社会团体和行为方式而生存的程度。④内聚力，指政治体系参与者内部必须具有基本的意见共识。⑥ 这四项标准也可以作为考察中

---

① 王明峰.“阳光政府”走近民众［N］.人民日报海外版，2006-1-4.

② 塞缪尔·P. 亨廷顿. 变化社会中的政治秩序［M］. 王冠华，刘为等，译. 北京：生活·读书·新知三联书店出版. 1988：12-16.

③ 徐文阁. 用网络发布取代新闻发布会是典型的懒政行为［EB/OL］. http：//news.163.com/15/0119/05/AGA2SBID00014AED.html.

④ 关于制度和制度化的定义和讨论，见塔尔科特·帕森斯《社会学理论文萃》；查理士·P·鲁米斯“社会变迁和社会制度”（载于爱德华·A·梯里亚坚所编《社会学理论、价值标准和社会文化变迁》。研究现代化问题时，“制度化”一词的概念既有原来的含义，又有不同的含义，可参见S.N.艾森斯达德的有关著作，特别是他的论文“政治现代化的初期体制格局”，以及“制度化和变迁”和“社会变迁、离异和演化”。

⑤ Douglass Cecil North. 制度、制度变迁与经济成就［M］. 刘瑞华，译注. 中国台北：联经出版事业股份有限公司，2017.

⑥ 塞缪尔·P. 亨廷顿. 变化社会中的政治秩序［M］. 王冠华，刘为，等，译. 北京：生活·读书·新知三联书店出版社，1996：14-21.

国新闻发布制度进程的参考指标。由于“历史事件造成不可逆转的影响，是制度最耐人寻味的特性”①，因此本章以对新闻发布走向产生深远影响的大事件为依据，把过去几十年来的中国新闻发布制度化进程划分为前奏、起步、推进、深化、再出发五个发展阶段，以期对这段不算长的历程从观念、制度、扩散等层面进行考察。

## 第一节　前奏：区分两种发布（1983—2002 年）

笔者将 1983 年到 2002 年这段时间称为中国新闻发布制度的“前奏”，是因为这个时间段已经零星出现了负责新闻发布的发言人，设置了相应的职能部门，为后来新闻发布的制度化奠定了基础。但是和全国范围内普遍建立新闻发布制度的程度还有很大差距。总体而言，这个阶段的新闻发布建设有两个特点：一是新闻发布从“对外发布”到“总体发布”发展；二是新闻发布的“运动性”明显。

### 一、从“对外发布”到“总体发布”

我国素来重视宣传效果和舆论功能，可以追溯到马克思和恩格斯，他们不仅作为无产阶级革命家从事政治活动，而且创办、主编和参加编辑报刊十余种，指导过的报刊也有数十种，从而形成了马克思主义新闻理论。列宁的新闻思想深受马克思、恩格斯新闻观的影响，先后发起和创办了《火星报》《前进报》《新生活报》，这种“政治家办报”的传统也在中国生根发芽。在抗日战争和解放战争时期，中国共产党就特别注重舆论宣传和信息发布功能，强调“牢牢把握舆论阵地”。1948 年 4 月 2 日，毛泽东在《对晋绥日报编辑人员的谈话》② 中谈到政治沟通的相关问题时认为：“我们的政策，不光要使领导者知道，干部知道，还要使广大的群众知道，有关政策的问题，一般都应当在党的报纸上或者刊物上进行宣传。”但是当时为党的宣传事业工作的媒体人的主要工作内容不是传播信息，而是“教育群众”，凸显了极强的政治指向性。在《一九四八年的土地改革工作和整党工作》（1948 年 5 月 25 日）中，毛泽东明确提出党务系统信息传达的具体方法和途径：“中央、中央局

---

① Douglass Cecil North. 制度、制度变迁与经济成就［M］. 刘瑞华，译注. 中国台北：联经出版事业股份有限公司. 2017：12.

② 毛泽东. 毛泽东选集［M］. 北京：人民出版社，1991.

(分局)、区党委（省委）、地委、县委、区委、直到支部，必须充分利用无线电、有线电、电话、邮递、专人送信等项通讯方法，小型会议、区域会议和个别谈话等项会谈方法，小型巡视团和个别有威信的委员的巡视方法，同时充分利用通讯社和报纸，密切地互相联系起来，以便掌握运动的动态，随时互通情报，交流经验，及时纠正错误，发扬成绩。不要等候几个月，或半年，甚至更长时间，下面才向上面做总结性的报告，上面才向下面作一般性的指示。这种报告和指示，往往过时，失去作用，或者减少了作用。全党迫切需要的，是不失时机的生动的具体的报告和指示。”①

中华人民共和国成立前夕，关于新闻发言人的建设已经开始，毛泽东在《中共发言人评南京行政院的决议》（1949 年 1 月 21 日）、《中共发言人关于命令国民党反动政府重新逮捕前日本侵华军总司令冈村宁次和逮捕国民党内战罪犯的谈话》（1949 年 1 月 28 日）、《中国人民解放军总部发言人为英国军舰暴行发表的声明》（1949 年 4 月 30 日）② 中都提到了新闻发言人，既包括中共新闻发言人，也包括军队新闻发言人。但是笔者尚未查到有关党、军队新闻发言人的制度化安排，当时的新闻发言人可能只是一种策略性安排。

1978 年 10 月，邓小平在访问日本期间召开了一次日本记者招待会，这使他成为第一位举行西方式记者招待会的中共领导人。虽然邓小平在国内从未举办过类似的记者招待会，但应对记者提出的有关钓鱼岛等敏感问题时，邓小平的回答机智巧妙，“当招待会结束时，全场起立为之鼓掌，而且掌声持续了好几分钟”③。从改革开放时期开始的新闻发布和信息公开意识来看，邓小平的这次毫无准备的记者招待会只是一次“热身”，真正体现政府执政理念的新闻发布开始于 20 世纪 80 年代。1982 年，苏联领导人勃列日涅夫发表涉华言论，邓小平指示外交部对勃列日涅夫的讲话做出反应。如何反应呢？中国的反应应该通过什么平台和渠道传达呢？国务院原副总理钱其琛在其《外交十记》中回忆道：“那时外交部还没有正式的新闻发布会制度。我仍在新闻司司长的任上，正在考虑设立新闻发言人，此事便成了立刻建立发言人制度的契机。”1982 年 3 月 26 日，发布会在老外交部（今国务院新闻办所在地）主楼门厅处举行，前来参加发布会的七八十位中外记者把钱其琛围在了中央，他们站着，听钱其琛发表了一个简短的声明。钱其琛在这个“简短声明”中

① 毛泽东．毛泽东选集［M］．北京：人民出版社．1991：922.

② 毛泽东．毛泽东选集［M］．北京：人民出版社．1991：961-1010.

③ 傅高义．邓小平时代［M］．冯克利，译．北京：生活·读书·新知三联书店，2013.

只说了三句话："我们注意到了 3 月 24 日苏联勃列日涅夫主席在塔什干发表的关于中苏关系的讲话。""我们坚决拒绝讲话中对中国的攻击。""在中苏两国关系和国际事务中，我们重视的是苏联的实际行动。"这份不到一分钟的简短声明第二天刊登在《人民日报》头版中间位置。声明虽短，但反响很大，国际上给予了极大关注。西方五大通讯社和其他外国媒体纷纷报道并发表评论。有外电指出："这一谨慎而含蓄的声明预示着对抗了 30 多年的中苏关系有可能发生变化，并使世界局势为之改观。"

**1982 年 3 月 26 日，钱其琛就苏联勃列日涅夫主席在塔什干关于中苏关系的讲话，在北京举行新闻发布会**

这是钱其琛以外交部新闻发言人的身份主持的第一次新闻发布会，也是最后一次。但外交部的新闻发布会从此便成了惯例，每周举行。[①] 1983 年 3 月 1 日，时任外交部新闻司司长的齐怀远作为中华人民共和国第一位正式的新闻发言人站在中外记者面前，外交部成为我国第一个明确建立新闻发布制度的部门。此后，国家其他几个部委也开始探索新闻发布制度建设。1983 年下半年，中央提出建立全国新闻发言人制度。国家统计局、外经贸部、国台办、卫生部、教育部等较早一批设置新闻发布制度的部门发言人先后走上前台。1988 年，中央进一步明确要逐步建立和完善新闻发布制度。

外交部建立新闻发言人制度后，除了专门回答外交问题外，还涉及中国香港、中国台湾、国内经济、政治、社会等各方面的问题，注重向世界发布

① 钱其琛. 外交十记［M］. 北京：世界知识出版社，2003.

信息。虽然国内政治信息的系统发布稍迟一些，但是在外交部之后，国家多个部委也开始慢慢摸索建立新闻发布制度，设立新闻发言人职位，专门就经济统计和运行、卫生事业发展等社会民生问题进行回应，这显示出从“对外发布”向“总体发布”的深刻变化。

## 二、早期的“运动式发布”

运动型治理机制成为中央政府不断规范基层政府灵活性边界、强化中央与地方纽带的重要手段，使这一体制在不断调整与波动中走下去。我国早期的新闻发布的一个突出特点就是“运动式发布”。周雪光在《中国国家治理的制度逻辑——一个组织学研究》中对“运动式”治理有很好的研究，他的研究对考察新闻发布制度非常具有启发性。他认为运动式治理的突出特点是（暂时）打断、叫停官僚体制中各就其位、按部就班的常规运作过程，意在替代、突破或整治原有的官僚体制及其常规机制，代以自上而下、政治动员的方式来调动资源，集中各方力量和注意力来完成某一特定任务。运动式治理常常由自上而下的指令启动，甚至来自上级领导的主观意志，但它们的出现不是任意的，而是建立在特有的、稳定的组织基础和象征性资源之上的。[①] 历史的途径依赖性是强大的，已有的组织的、利益的、观念的制度力量仍然试图补苴罅漏，修复旧的框架。[②] 新闻发布制度建设初期，存在新闻发布平台不固定、发布人员不固定、发布机制薄弱等诸多问题。笔者将我国早期新闻发布形态称为“运动式发布”。

1983 年 2 月，中共中央宣传部下发了《关于实施〈设立新闻发言人制度〉和加强对外国记者工作的通知》（即 1983 年 11 号文件）。此后，《外交部建立新闻发布制度的意见》被作为外宣小组《关于实施〈设立新闻发言人制度〉和加强对外国记者工作的通知》的附件，专门转发给中央各部委作为制定本部门新闻发布制度的参考。而国际国内社会也高度关注党的新闻发布活动，在之后的历次党代会上，外国记者采访人数不断增加。[③] 由于上述文件

① 周雪光. 中国国家治理的制度逻辑——一个组织学研究［M］. 北京：生活·读书·新知三联书店，2017：125.

② 周雪光. 中国国家治理的制度逻辑——一个组织学研究［M］. 北京：生活·读书·新知三联书店，2017：82.

③ 周庆安，关涔. 协调性偏好与制度再生：80 年代我国对外宣传制度史管窥［J］. 现代传播. 2017（8）.

被大多数党委认为只是外宣部门的事，主要为国外的新闻媒体服务，所以很多机构并没有将建设新闻发言人制度纳入建设框架。笔者对早期建立新闻发布制度的几个政府机构的官方网站中的新闻发布会记录进行了粗略统计，发现大多数机构2002年以前的新闻发布会较少。比如，国家统计局虽然也是较早一批宣布建立新闻发布制度的机构，但是其官网只有2001年一场关于当年第一季度国民经济运行情况的新闻发布会记录。教育部和卫生部等官方网站很少甚至没有2003年以前的新闻发布会记录。笔者查阅国新网、中国网等权威网站，也不能得到更多关于新闻发布会的信息。这意味着相比2003年后职位、时间、平台、人员等都相对固定的制度性新闻发布，“前奏”阶段的新闻发布属于典型的“运动式发布”，即便是较为常见的有关涉外事务、经济运行等领域，新闻发布也并非完全固定，还要取决于事件的性质和领导人的决定。

## 第二节　起步：危机孕育生机（2003—2004年）

### 一、“非典”：危机？生机？

2003年注定将成为中国历史上一个重要年份，这一年发生的两件大事足以让其显得举足轻重。第一件是孙志刚事件①。大学毕业不久的孙志刚用自己年轻的生命换来了2003年8月1日开始施行的《城市生活无着的流浪乞讨人员救助管理办法》，同时废止已实施20余年的《城市流浪乞讨人员收容遣送办法》。在孙志刚事件中，特别值得注意的是，中国公民首次行使违宪审查建议②，这也标志着中国公民首次用自己的方式推动了中国法治的进程。孙志刚事件的意义与其说是彰显了转型社会中新闻媒体的报道功能和价值，不如说体现了公民意志的表达、公共利益的诉求与政府善治和决策能力的积极互

① 至今，关于孙志刚事件的新闻报道或将之作为案例的研究不胜枚举。事件的简单经过如下：2003年3月17日晚，27岁的孙志刚因没有暂住证，被收容在收容遣送中转站，在收容站受到工作人员以及其他收容人员的野蛮殴打并致死。

② 2003年5月14日，三名法学博士俞江（华中科技大学法学院）、腾彪（中国政法大学法学院）、许志永（北京邮电大学文法学院）向全国人大常委会递交审查《城市流浪乞讨人员收容遣送办法》的建议书，认为收容遣送办法中限制公民人身自由的规定与《宪法》和有关法律相抵触，应予以撤销。2003年5月23日，贺卫方、盛洪、沈岿、萧瀚、何海波5位著名法学家以中国公民的名义，联合上书全国人大常委会，就孙志刚案及收容遣送制度实施状况提请启动特别调查程序。

动。[①] 第二件是突如其来的“非典”疫情。2002年年底在中国大地上暴发的“非典”疫情距今已有十多年，拉开一段时间距离重新回顾，发现将其视为中国新闻发布制度化建设的“生机”未尝不可。世界卫生组织（WHO）秘书长布伦特兰接受BBC专访时认为，“SARS”（严重急性呼吸系统综合征）可以视为“21世纪第一种全球传染病”，它2002年年底在广东顺德被发现。[②] 这一突发公共卫生事件将中国推向了世界的“风暴中心”，中国政府如何应对时刻牵动世界目光。中国政府在疫情暴发之初的遮遮掩掩招致舆论的责难，“中国大陆未能及时开诚布公，导致全球的公卫体系拖延了两三个月才建立预警与通报的机制”[③]。基于此，新闻发布制度正式被提上日程，这项在20世纪80年代就已萌芽的新闻发布规范终于在2003年真正的制度化。正是从这一年开始，中国新闻发布从不定期、不固定的模式逐渐固定下来，制度化进程由此拉开序幕。

## 二、新闻发布制度化建设的真正起步

许海燕和杨新敏[④]曾对2003年中国的“新闻发言人制度”做了实证研究，他们拟定了一些调查主题并加以量化，这些主题包括五类：新闻发布会数量；新闻发布会内容；新闻发布会上发布内容与现场记者提问和报道内容的相关度；新闻发言人类别；新闻发言人与媒介、受众的互动渠道和畅通程度。他们认为，当时的新闻发言人制度依旧停留在“试运行期”。笔者将2003年视为我国新闻发布制度化建设的真正起步，一方面是因为从2003年开始，中国的新闻发布呈现出常态化趋势；另一方面是因为新闻发布的制度建设、政策措施、人才队伍培养和培训等方面逐渐启动。但正如许、杨两位学者关注到的，中国新闻发言人制度的推广任重而道远，真正起步的另外一层含义是结合中国实践不断推广和完善新闻发布制度。“从国际上的经验来看，各企业设专门的新闻发言人是将来的发展方向，我们不能期望新闻发言人制度在中国能够一蹴而就，新闻发言

---

① 张志安. 编辑部场域中的新闻生产［D］. 上海：复旦大学，2006.

② 世界卫生组织：SARS源头在广东顺德［N］. 中国时报，2003-4-27.

③ 世界卫生组织：SARS源头在广东顺德，中国时报［N］，2003-4-27 http：//house. focus. cn/msgview/246/3301418. html.

④ 许海燕，杨新敏. 2003年中国“新闻发言人制度”之实证研究［J］. 新闻大学，2004（2）：52-55.

人制度的设立也许不难，难的就是坚持，并在实践中不断地完善这个制度”。[①]

在我国新闻发布制度化的起步阶段，外交部和国新办基本能做到定期进行新闻发布，地方新闻发布也在2003年提上日程，但是就发布数量来说，相差较大，其中影响新闻发布数量的一个重要变量就是“非典”。在发布内容方面，外交部的新闻发布会显示了其作为中国对外宣传窗口的职能，专职发布国家领导人出访和外国领导人来华消息，并回答国内外记者的一切提问，新闻发布运作最为成熟。已明确表示建立新闻发言人制度的地方特色各异，有侧重政策决策发布和解释的南京市政府，有侧重回应公众质疑的上海市政府，有热衷于招商引资、宣传地方形象的青岛市政府。在新闻发言人素质方面，2003年9月和11月，国务院新闻办公室在北京举办了两期中央、地方新闻发言人培训班，180多人接受了培训；到2004年，培训规模已增至2000多名。2003年年底，国新办新年招待会上，50多位来自中央、国家机关各部门的新闻发言人在中外记者的瞩目下集体亮相。因为“非典”疫情暴发后的舆论倒逼，新闻发布制度化建设的力度进一步加大，2003年，所有中央、国家机关部委及一大批省市级部门都指定了专门的新闻发言人。以至于瑞士国家广播电台驻华首席记者阿鹤腾如此描述这项制度的建立：“其表明了中国政府不断增强透明度的决心，它符合国际标准，对我们这些外国记者来说意义重大。”[②]

2003年试图展现在世界面前的“透明中国”沿着“先试点再推广”的模式在推进。在2004年中共中央10号文件正式提出“建立国务院新闻办公室、国务院各部委和省（区、市）级人民政府三个层次的新闻发言人机制”之前，1998年，深圳设立了市、区和政府各部门三级新闻发言人制度，确认了全市38个单位和40位新闻发言人；2003年9月，深圳正式实施《政府新闻发言人工作制度》，同时制定了多项新闻发布工作的规范性文件。[③] “上行下效”的模式将政府信息公开的理念与实践迅速推广到全国。2004年年底，时任国务院新闻办公室主任的赵启正指出：“我国政府三个层次的新闻发布体制已基本建立。”截至2004年12月22日，44个国务院有关部门以本部门名义组织举办了约270场新闻发布会（外交部发布会除外）；28个省区市召开了460多场新闻发布会。国务院新闻办公室除举办了两期全国新闻发言人培训班外，

① 许海燕，杨新敏. 2003年中国“新闻发言人制度”之实证研究［J］. 新闻大学，2004（2）：52-55.

② 周效政，崔清新. 中央国家机关新闻发言人首度集体亮相［N］. 新华每日讯，2003-12-17（2）.

③ 胡谋，贾冰. 发言人“不说话”将被问责［N］. 人民日报，2008-3-19（10）.

还分别与14个省、自治区联合举办新闻发言人培训班，参加培训班的人数达2000多人。① 也正是从2004年开始，国新办至今依然保持着每年公布新闻发言人名单及其新闻发言工作机构通讯方式的做法。

## 三、制度化下的新闻发言人

在中国现代新闻发布制度化建设初期，新闻发言人一时间成为媒体的“宠儿”，他们的一言一行都备受媒体和公众的关注，新闻发布制度也正是伴随着新闻发言人的明星光环悄然起步的。由于SARS的突然来袭，信息真空给社会带来的恐慌让中国政府意识到信息公开的重要性，迟来的新闻发布意识倒逼了这项制度在我国的建立。但是对没有新闻发布制度化运行经验的中国政府来说，怎样迅速让官员首先是部委领导认识到该工作的重要性是头等大事。2003年9月，国新办在清华大学为刚刚集中亮相的部委新闻发言人举办了培训，国务院新闻办公室副主任王国庆说：“2003年是我国新闻发布工作中具有里程碑性质的一年”，国务院新闻办在全国范围内开始大规模培训新闻发言人，并且“基本上培训班办到哪个省，哪个省的新闻发言人制度就建立起来了”。② 培训内容主要包含三部分：一是介绍我国新闻发布的情况和政策；二是介绍国内外新闻发布理论及应对媒体的经验；三是模拟发布、回答并接受现场点评。③ 对当时没有太多新闻从业经验的新闻发言人队伍来说，这的确能够在最短时间内熟悉何谓“现代”意义的新闻发布制度。至今不少新闻发言人培训的内容都沿袭了媒体应对和模拟现场的做法，这对扭转我国政府惯于“先做后说”的传统有很大作用，并且能够在较短时间内增加官员对媒体功能和作用的认识。

学界和业界通常将2003年首期新闻发言人培训班誉为“黄埔一期”培训班。众所周知，黄埔军校是近代中国著名的军事学校之一，曾经培养了中外闻名的军事指挥家。我国新闻发言人队伍培训使用“黄埔”一词的初衷，从官方层面来讲，大抵是为了强调在培养各级党政部门与媒体沟通社会、向社会公开信息，并塑造政党形象的重要性。首期新闻发言人培训班的学员，包括60多个部委和地方官员共100多人，其中不乏日后成名的“明星学员”。例如，被称为“三剑客”的教育部原发言人王旭明、原卫生部发言人毛群安、

---

① 王尧. 我国政府新闻发布体制基本建立［N］. 人民日报，2004-12-29.

② 宋冰，刘雯. 中国新闻发言人制度日臻完善［N］. 人民日报（海外版），2008-11-7（1）.

③ 王旭明. 为了公开——我当新闻发言人［M］. 北京：作家出版社，2009.

公安部原发言人武和平；被誉为“三朵金花”的北京市政府新闻发言人王惠、上海市政府新闻发言人焦扬、南京市政府新闻发言人徐宁，以及7年后“黯然离开祖国赴海外工作”的原铁道部新闻发言人王勇平。这些发言人里不仅有中央部委的新闻发言人，也有地方政府的新闻发言人。中国的新闻发布制度也正是以新闻发言人培训为切入口，将“现代新闻发布制度化”建设真正提上日程。学员们接受了“中西交融”式的培训，而他们身上独特的个性也随着这扇大门的开启展现在公众面前。

新闻发言人在站在新闻发布台之前，要做一系列的准备工作（如图4-1所示），规范化和专业化从流程的分解动作开始。在中国政府信息公开不断推进的同时，新闻发言人作为一个特殊群体受到广泛的关注，甚至日趋“明显化”。

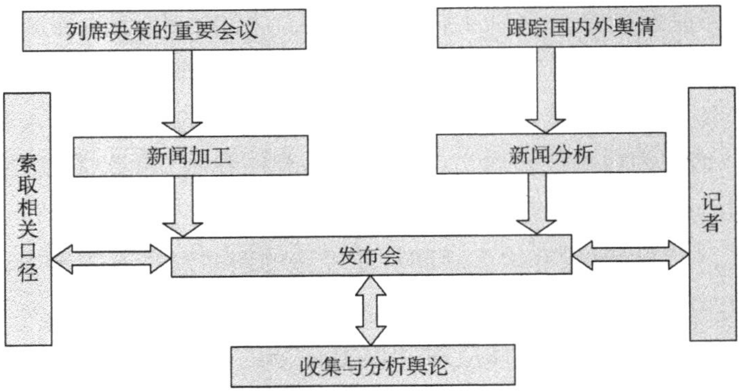


**图4-1　新闻发言人准备工作流程①**

新闻发言人的“明星化”成为颇具争议的话题，他们的光环效应使其所在部门机构也成为公众关注的焦点，这种关注正是信息公开意欲达到的效果，多个地方政府正试图追求这种效应。广东就曾立志“选派一批新闻发言人到高校和国外接受培训，3~5年内造就一批广东的新闻发布‘名嘴’”。② 比起新闻发言人来说，媒体更热衷于报道“新闻当事人”，如有记者曾经称王旭明

① 2004年12月28日，时任国务院新闻办公室主任的赵启正接受央视《新闻会客厅》采访时所提供。

② 韩建清，赖伟行. 5年内造就新闻发布［N］. 人民日报，2006-11-14（10）.

的离职标志着“一个时代的结束”。[①] 毋庸置疑，在政府信息公开中，政府是绝对的信源，新闻发言人通过新闻发布活动将信息披露给媒体进行大众传播，以便起到引导舆论、解读政策和监督政府行为的作用。在此流程中，新闻发言人的地位举足轻重，一方面直接面对媒体，另一方面直接接触“准”公开的政务信息，其公布的“信息”应该属于新闻媒体报道的重点，而非新闻发言人本身。对媒体来说，能吸引受众眼球的“话题性”新闻发言人固然受到更多注意，然而在传播过程中，“有价值的信息”有被其他因为光环效应所带来的信息“噪声”极大干扰的可能性。

不管从“黄埔一期”的称谓来看，还是从“剑客”“金花”的标签来看，抑或新闻发言人的“明星化”，在中国新闻发布制度化建设之初，新闻发言人的确被赋予了极高期待。新闻发言人作为“中外媒体报道中国的向导”，在推进政府信息公开方面任重道远。新闻发言人及时公开政府信息，通过保障公众的知情权、参与权和监督权等，努力维护政府和公众之间的良性互动。危机事件带来的深刻教训也促使中国政府清醒地认识到信息公开的重要性，从而着力全面推进新闻发布制度化建设。

## 第三节　推进：从“认知”到“规则”（2005—2008 年）

参照彼得斯对制度的界定[②]，我们对制度的理解应包含三个层面的内容：认知性、规范性和规则性。中国新闻发布制度经历了真正起步之后，“新闻发言人”“新闻发布”一度成为热词。在对制度的构成、层次、人员等有了基本认知之后，规范和规则成为新闻发布主体面临的重大问题。2005 年年底，上海市人事局公布了全国首个专业技术人才目录——《上海市专业技术人才职业能力认证目录》，其中新闻发言人作为文化专业人才的新职业被纳入其中。[③] 由此，新闻发言人的设定不仅是上级部门“指定”性的做法，而且要依据现代化的职业能力评价制度进行运作，要像其他职业一样，通过考试、考察及

① 教育部发言人王旭明卸任，赴任语文出版社社长［EB/OL］. http://edu.sina.com.cn/l/2008-07-18/1012144420.shtml.

② B. 盖伊·彼得斯. 政治科学中的制度理论：新制度主义［M］. 王向民，段红伟，译. 上海：上海人民出版社，2016：141

③ 王有佳. 新职业有了身份证［N］. 人民日报，2005-12-15（10）.

评估等一系列流程来确定一位新闻发言人是否能够胜任，这是一次良好的尝试和开端。但是从十余年后的制度化进程来看，这项职业化尝试依然在缓慢推进，由于整个政治体制和机制的原因，中国新闻发言人的职业化问题任重道远。从用现代化指标来衡量新闻发言人职业，到2008年《政府信息公开条例》对提高政府工作透明度的条文规定，中国新闻发布制度仍在有“法”可依的道路上慢慢摸索。

## 一、中国政府三个层次的新闻发布体制基本建立

2004年年底，中国政府三个层次（即国新办、国务院各部委、省级政府）的新闻发布和发言人制度基本建立，此模式下的新闻发布会一般有三种形式：一是以新闻发言人的名义，定人、定时、定点举办新闻发布会，如外交部、国务院台湾事务办公室、上海市政府等；二是搭台发布，如国务院新闻办公室常邀请国务院各有关部门负责人或发言人介绍有关情况，一些地方政府也多参照该模式；三是遇突发事件时，临时组织新闻中心进行新闻发布活动。蔡武在2006年国新办新闻发布年终“盘点”时向现场记者第三次公布“国务院各有关部门新闻发言人名单及新闻发布工作机构电话”，并且首次公布各省（区、市）新闻发言人名单及新闻发布工作机构电话，着力推动地方政府建立新闻发布制度。也就是在这一年，国务院74个部门建立了新闻发布和新闻发言人制度①，设立了91位新闻发言人；31个省（区、市）人民政府均已建立了新闻发布和新闻发言人制度。中国新闻发布制度化建设又向前迈进了一大步。

2008年，国务院新闻办公室举办了83场新闻发布会，党中央及国务院各部门举办了521场新闻发布会，各省（区、市）人民政府新闻办公室举办了983场新闻发布会。三个层次的新闻发布会总数大大超过了往年，达到1587场（不包括奥运会期间北京奥运会新闻中心和北京国际新闻中心举办的300多场新闻发布活动）。不管从发布会数量还是新闻发布机构的建立速度，都说明至少在基础设施层面，我国的新闻发布制度建设正在发力。

---

① 王斌来. 党中央有关部门新闻发言人名单首次公布［N］. 人民日报，2006-12-29（1）.

## 二、信息公开首次有“法”可依

我国在20世纪80年代后期就已经制定了《保密法》①，该法律严格划定了国家秘密的范围和密级，规定了其他相应的规范和责任，但因定密过滥、随意性大而被长期诟病。例如，在国务院新闻办公室的新闻发布平台上公开解读的涉农“1号文件”也被当作秘密予以保护，“致使给农民实惠的文件，农民却看不到”②。2005年，计划报告和预算报告首次增加名词解释，以便代表、委员更好地了解报告内容；审议反分裂国家法草案时，有6个团组同时对境外媒体开放。2006年，西藏代表团等首次开放，33个代表团、35次代表团团组会议向境外记者敞开大门；增加大会现场直播场次，全国人大常委会委员长报告常委会工作首次进行电视直播；每天向媒体提供议案清单，帮助记者发现新闻线索；全国人民代表大会前亲自试验电子表决系统，确保意愿得到准确表达。③

新闻发布相关法律法规的制定和实施成为完善中国新闻发布制度的重要推动力。2005年，突发事件的新闻报道得到党中央的重视，时任国新办主任赵启正认为要进一步提高突发事件报道责任系统的网络效率。④ 2006年1月8日，发布并实施了《国家突发公共事件总体应急预案》，在运行机制的信息发布部分明确规定，突发公共事件的信息发布应当及时、准确、客观、全面。事件发生的第一时间要向社会发布简要信息，随后发布初步核实情况、政府应对措施和公众防范措施等，并根据事件处置情况做好后续发布工作。信息发布形式主要包括授权发布、散发新闻稿、组织报道、接受记者采访、举行新闻发布会等。

2007年8月30日，第十届全国人民代表大会第二十九次会议通过了《中华人民共和国突发事件应对法》，并于同年11月1日起施行。这是我国第一次以法律形式将预防和应对突发事件与信息公开关联起来。该法的首要目的是“预防和减少突发事件的发生”，所以在法条中关于应急预案和风险评估的

① 1988年第七届全国人民代表大会通过的《保密法》在2010年第十一届全国人民代表大会上进行了修订，本书称修订后的为新《保密法》，1988年版的依旧称为《保密法》。

② 申欣旺.《保密法》15年艰难嬗变，仍有多处悬疑待解［EB/OL］. http：//www.chinanews.com/gn/news/2010/03-11/2164613.shtml.

③ 毛磊，杜文娟. 步履坚实，更加开放［N］. 人民日报，2007-3-5（5）.

④ 高吉宝. 国新办主任详解发言人制度突发事件发布今年将完善［N］. 京华时报，2005-2-1.

规定成为重中之重。“国务院制定国家突发事件总体应急预案，组织制定国家突发事件专项应急预案；国务院有关部门根据各自的职责和国务院相关应急预案，制定国家突发事件部门应急预案”，“国家建立重大突发事件风险评估体系，对可能发生的突发事件进行综合性评估，减少重大突发事件的发生，最大限度地减轻重大突发事件的影响”。2007 年 3 月 4 日，全国人大及其常委会三级新闻发言人在人民大会堂集体亮相。十届全国人大五次会议专门设置的“不下班的新闻中心”再推举措：首次对外公布各个代表团驻地的详细地址，首次允许境外记者直接联系采访代表，首次公布各代表团新闻联络员的电话，首次提供全国人大常委会工作报告的英文版，“力求在采访安排上更加开放透明、在记者服务上更加便捷高效、在会议报道上更加民主和谐，向国内外展示人民当家作主的社会主义民主制度”。同年，上海市闵行区率先推行公共财政预算改革，并编制财政预决算表，但该表每次在人代会上均因涉及“保密”内容而被收回。①

2008 年 5 月 1 日，中国正式实施《政府信息公开条例》（以下简称《条例》），这部条例背后是国家政治不断走向透明化、民主化的时代背景，承载着全体人民对“阳光政府”的期待，在制度的价值层面实现了公民的“知情权”保障，标志着中国政务信息公开步入“有法可依”时代。依据《条例》，公民、法人或者其他组织都可以向行政机关申请获取政府信息，其中还规定了主动公开和依申请公开两种途径。为方便在北京奥运会及其筹备期间台湾记者来大陆采访，国务院台湾事务办公室制定了《北京奥运会及其筹备期间台湾记者在祖国大陆采访规定》，专门为台湾记者在大陆采访提供便利，这在一定程度上缓解了台湾和大陆之间舆论的敏感性。② 并且在北京举办奥运会的 16 天中，奥运主新闻中心每天不中断地召开 30 余场发布会③，其中国际新闻中心每天都会就经济、环境等热点问题召开情况说明会，向世界展示中国“信息公开、制度透明”的大国形象，正面回应了部分西方国家长期以来对我国信息不透明的指责。

此外，2007 年，国新办编写出版了《政府新闻发布工作手册》，详细地总结了政府新闻发布的主要形式，包括从策划、组织到具体的策略与技巧，实用性较高，成为很多政府部门开展新闻发布工作的参考资料。由此可见，

---

① 毛磊，杜文娟. 步履坚实，更加开放［N］，人民日报，2007-3-5（5）.

② 吴亚明，将为台湾记者提供进一步的方便［N］. 人民日报，2006-12-28（12）.

③ 宋冰，刘雯. 中国新闻发言人制度日臻完善［N］. 人民日报（海外版），2008-11-7（1）.

中国政府正从专业化和规范性两个层面上推动新闻发布制度化的进展。

## 三、中国新闻发布制度化建设的阶段性检验

2008年对中国政府和中国人民来说是极不寻常、极不平凡的一年，这一年发生的“大喜大悲”足以让历史铭记。中国成功举办2008年北京奥运会；顺利完成“神舟七号”载人航天飞行任务；我国南方部分地区遭受了50年甚至是百年一遇低温雨雪冰冻灾害，造成严重经济损失；四川汶川发生历史罕见的特大地震。一系列大事件的出现对中国新闻发布制度化建设提出了挑战，成为该制度的一次阶段性检验。

这一年，新闻发布及发言人制度全面推行走过5年历程，中国共产党和中国政府在信息公开方面呈现出了全新姿态。“5·12”汶川大地震发生后第二天，国务院新闻办、四川省政府每天举行一场新闻发布会，国新办新闻发布平台作为国家级最具权威的发布机构，有时甚至一天举行两场关于地震进展的新闻发布会，在短短的18天内连续举办了20场发布会，这是国务院新闻办公室历史上持续时间最长、力度最大的一次新闻发布活动。及时准确地发布大量权威信息，密度高、时效强、权威性突出的新闻发布活动及时回应了国内外公众的关注，满足了公众的知情权，也为媒体记者更加客观、准确地报道提供了便利。四川汶川特大地震发生后，5月15日即组织中外媒体记者赴灾区采访。据统计，救灾期间，四川省至少接待了800多人次的境外记者赴灾区采访。中外媒体间的合作和交流更加活跃，增进了中外新闻界的交流、合作以及相互间的感情和友谊，加深了世界对中国的了解，也使中国更加了解世界。

与2003年“非典”疫情暴发后政府的反应态度和速度相比，四川汶川地震的确检验了中国新闻发布制度阶段性建设成果，中国共产党和中国政府也交出了合格答卷。《新京报》在《条例》实施之日专门刊文，并直言不讳地指出《条例》仅仅是一个起点，尽管它为政府部门量身打造了诸多“阳光法则”，但仅仅依靠一部法规还不足以彻底根除“过滤性公开”“缩水型公开”的痼疾，还难以独立完成一场深刻的变革。《新京报》对《条例》可能存在不足的思考在10天之后就得到了检验，汶川地震中，中国政府信息公开表现出色，之后，中国政府在北京奥运会期间的自信和从容更是得到国际舆论的赞赏。北京奥运会期间，接待境外记者3万多名，政府通过各种方式对全国40多万相关人员开展了培训，提高各级领导干部和有关人员服务媒体的意识、

能力和水平。中央各主要部门和各省（区、市）人民政府新闻发言人办公室都提供24小时的热线电话服务。有外国媒体记者写道："对于舆论环境而言，中国从没有像现在这样开放。如果我们简单回顾一下每天的奥运新闻，就会清晰看到中国在这方面明显的进步。""今天的中国人更开放了，他们愿意向世界展示自我，他们拥有强烈的爱国心，和世界各地的人们一样，为自己的国家而自豪。"① 实践证明，各级政府和官员只有摆脱"暗箱行政"的行为惯性，学会透明化生存、镜头下施政，才能实现"阳光政治"。

我国新闻发言人制度经过奥运会的检验，在进步中也暴露出一些问题，主要体现在以下三个方面：一是有些人仍把新闻发言人制度当成一项门面工程。李湛军认为，奥运会以后我国新闻发言人制度有止步的迹象。"除国新办、外交部、国台办外，大部分部委和省市似乎变得松懈，好像当初紧张就因为外国记者多"，"这不符合提升政府执政能力的要求。在任何时候都需强化信息公开的观念，应全面建立立体式的发言人信息披露机制"。二是发言人的语境处理有待提高，大话、套话、空话过多，这一点奥运会时在某些场合就引起了外国记者的不满。三是宣传迹象明显。② 在前文中已经明确区分了宣传和传播的差异，虽然所有的政治行为都涉及宣传，但是"新宣传"不管从形式还是内容，都与"单向意识灌输""片面宣扬成绩"的"旧式宣传"不可同日而语。在西方媒体报道的语境中，如果宣传的痕迹过于明显，会直接影响传播效果，长远来看甚至会影响新闻发布制度的成效，因此，变抽象的政治话语宣讲为既有宏观表达也有具体行为，有效、及时地借助媒体实施议程设置，成为新时代加强和完善政府执政能力的关键。

经过2008年对信息公开方面"法制"的建立和实施后的磨合，新闻发布一度出现"大尺度"。从贵州的瓮安事件到云南的孟连事件，从上海的袭警案到昆明的公交车爆炸案，从广西煤矿的透水事故到济南体育场的火灾事故，都连续给予报道。当时弄清楚原因的及时报，没弄清原因的往往以"原因正在调查之中"的形式见诸媒体，使公众在第一时间对事件有较全面的了解。任何时间、任何地点都能获取信息已成为信息化追求的目标。在这种情势下，如何抢占并掌握信息发布权与话语权是各级政府应该努力学习的。面对突发事件，政府在第一时间就公布了权威信息，能够收到正视听、明是非、堵小

① 吴月辉，宋冰．奥运让中国更加开放［N］．人民日报（海外版），2008-9-8（1）．

② 程义峰，秦亚洲．新闻发言人制度再向前［J］．瞭望新闻周刊，2009（23）．

道的效果，同时也是一种有力的舆论引导。透明究竟是怎样一种力量，推动着政府要学会在媒介化政治环境下生存，并学会直面热点、痛点、难点、疑点，及时回应媒体和公众的关切，自从1766年美国制定“阳光法案”后，“阳光”与行政相结合的修辞往往用来指代政府的清廉与合法性。后奥运时代，如何继续完善中国新闻发布制度，将新闻透明和信息公开塑造为社会的常态成为一项未竟的事业。

## 第四节　深化：发展与问题（2009—2012年）

随着政府新闻发布制度建设逐渐走上快车道，中国新闻发布制度建设也日渐成熟。笔者将2009年到2012年这三年界定为中国新闻发布制度深化的阶段，“党、政、军”三者联动的新闻发布体系初步建成，在具体的操作中也不断尝试创新方式方法，但是问题依然存在，并遭遇了两次受到广泛关注的质疑声音，我国新闻发布制度中的“短板”更加明显。

### 一、“党、政、军”三者联动的新闻发布体系始成

学界在党的十八大之后对社会治理体系现代化建设问题的关注，实际上是将公共管理研究与新闻传播研究联系在一起。对党的新闻发布制度化过程的研究，根本目标是回答在新的政治语境下回应如何加强党的自我身份认同的问题，也是回应新的媒介环境下信息公开规范性的问题。在我国，从政府新闻发布机制向党的新闻发布机制的发展过程中，最核心的问题是制度化的历史进程。在这个过程中，党的新闻发布工作制度化推动了党和政府在社会治理中的自我认知，同样也为今后的新闻发布工作提供了更为必要的考察领域和研究命题。

经过2003年的“非典疫情”，我国的政务公开在制度建设过程中积累了不少的经验。相比之下，党务和军务却依然神秘。早在抗日战争和解放战争时期，中国人民解放军就设立过军事新闻发言人。随着2008年我国南方重大雪灾的出现，来自“国防部新闻局”的报道频现媒体。曾任国新办主任的王晨在2008年年底国新办新闻发布会上提出，“2008年，中国国防部新闻发布和新闻发言人制度确立”。2009年，党的十七届四中全会首次明确提出“建立党委新闻发言人制度”，此后，党中央先后印发了《关于建立党委新闻发言人制度的意见》《关于党的基层组织实行党务公开的意见》《关于建立健全信

息发布和政策解读机制的意见》等多个文件，推进党务公开工作。这项工作到了2010年年底就有了结果：13个党中央部门和单位，31个省区市和新疆生产建设兵团党委都设立了新闻发言人。在庆祝建党89周年的前一天，中共中央11个部门的新闻发言人首次在国新办集体亮相，并回答中外记者提问。“党务公开”跃上了新台阶。[①] 党委新闻发言人制度的建立主要是面向党员内部，保障广大党员干部及人民群众的知情权、参与权。从发布效果来看，党委新闻发言人是在新媒介环境下推动党务信息公开以及党内民主建设的机制保障，体现了中国共产党的执政党属性和核心领导地位。某种程度上，党委新闻发布所形成的社会影响比政府新闻发布更受瞩目。[②] 至此，我国“党、政、军”三者联动的新闻发布体系初步建立。

## 二、新闻发布制度的创新与探索

中国新闻发布制度深化的另一个体现是方式方法的持续创新和探索。2009年，国内社交媒体开始试水，新浪微博经过内测推出API开放平台，这个日后成为中国网民获取信息、发布信息、讨论问题、交流意见的“在线广场”模式也激发了新闻发布机制的新思路。在新闻发布制度化进程中，中央各部门、各地方政府不断摸索突发事件新闻发布制度和机制建设，具体表现在以下几方面：第一，探索“系列”新闻发布，主动设置媒体和公众议程。2009年是国际金融危机考验中国政府的关键年份，国家权威平台就中国政府为应对金融危机在财政、金融结构调整、宏观调控等方面采取的措施等信息组织了一系列新闻发布会，特别是围绕中华人民共和国成立60周年、汶川特大地震一周年等重大事件策划的新闻发布采取“规模效应”，精心组织及时、准确、丰富的信息来满足媒体和公众的需求。第二，进一步推动新闻发布制度的完善。随着制度化建设的深入，组织定时、定点例行发布的部门不断增多，深圳等地还积极探索新闻发布问责制这样一种新的方法来推动新闻发布工作。第三，开展多种形式的新闻发布。除了传统的新闻发布会之外，新闻吹风会、发表白皮书、安排集体采访、个别采访、开通热线等多种形式成为国新办、国务院各部委和省（区、市）提高新闻信息传播效果的有效尝试，

---

① 孟建，刘一川．关于我军建立新闻发布制度的若干思考［J］．南京社会科学，2011（10）：117-125.

② 胡怀庭，赵新乐．关于建立党委新闻发言人制度的思考［J］，新闻与写作，2009（12）：35-36.

其中，主动利用新兴媒体形式，开拓新闻发布渠道的思路也成为媒介化时代现代政府的明智之举。例如，2009 年 9 月 1 日，贵阳市正式启动政府系统网络新闻发言人工作，这也是全国首个以政府名义推出的网络新闻发言人。通过在“中国·贵阳”政府门户网站设立贵阳市新闻发布会和网络舆论监督回复专栏，以此整合传统新闻发布会的信息资源，集中以视频、文字、图片等多种形式，在互联网上发布新闻、信息，并以“网络新闻发言人”名义，采取发帖、跟帖的形式对网络评论进行回复，同时及时收集网民反映的涉及贵阳的热点评论，对反映的突出问题提交相关单位解决。[①] 在贵阳设立网络新闻发言人后，其“示范”效应明显，陕西、成都、河南等地也相继建立了类似制度，至今，这种形式的信息公开形式在全国更多省市政府的门户网站上已屡见不鲜。

## 三、中国新闻发布制度的首次“风寒”

如果说 2003 年“非典”危机是中国政府新闻发布制度建设的起点，那么，2011 年就是考验中国新闻制度建设者们回应问题和质疑的关键一年。因为这一年发生的“7·23 甬温线特别重大铁路交通事故”的确让正快速建设中的中国新闻发布制度“为之震颤”，并将国人的不满迁怒于一位新闻发言人身上，由此引发了“官员病致不愿说不敢说”[②] 的症状。

2011 年 7 月 23 日 20 点 30 分左右，北京南站开往福州站的 D301 次动车组列车运行至甬温线，与前行的杭州站开往福州南站的 D3115 次动车组列车发生严重追尾事故。该事故造成 40 人（包括 3 名外籍人士）死亡，约 200 人受伤。[③] 1997 年至 2007 年，中国铁路经过了六次大提速，中国高铁一直是国人的骄傲，高铁出现的这起“特别重大”的事故一时间吸引了众多媒体和公众的关注。在舆论急切需要原铁道部的权威说明时，原铁道部新闻发言人王勇平 7 月 24 日晚站在了舆论的“风口浪尖”，因为他回答问题时用了“这只能说是生命的奇迹”“至于你信不信，我反正信了”等不当言辞，惹怒了公

① 李劲峰. 贵阳设网络新闻发言人，主动回复热点问题［N］. 新华每日电讯，2009-9-2（1）.

② 见《中国青年报》2011 年 8 月 28 日第 3 版《别让新闻发言人成为高危职业》一文。该文认为，铁道部新闻发言人王勇平被调离的消息被广泛关注，并引发公众对新闻发言人制度的持续反思，新闻发言人的职业风险也成为热点问题，“爱说”容易招惹是非，这也许是当下中国新闻发言人制度和发言人本身面临的困境。

③ 甬温事故［EB/OL］. http://baike.baidu.com/link? url=F9msOKxDV47N220nzN8Hbb7C5G Je-Jgadt8LHL0jgxPVJtNEvXr1lFh6hH9mGC5pCCCNrgDdUSXcMze9iH4vxhK。

众，在随后一段时间里，这几句话被网友们无数次引用，并代指为“高铁体”。同年8月16日，原铁道部表示，“铁道部新闻发言人王勇平被停职”，经媒体的“标题党”流转之后，王勇平“因在发布会的言辞不当被停职”已成事实。虽然原铁道部随后解释王勇平的离开只是平级调动，但是“甬温事故”新闻发布会上的不当言论绝对是导致其调动的直接原因之一。

今天来看，王勇平远非一个普通新闻发言人，而可视为中国新闻发布制度辉煌与低潮的象征。王勇平曾于2003年参加了“黄埔一期”新闻发言人培训班，是国新办第一次向社会公布的75位新闻发言人之一，曾被认为是“优秀新闻发言人”，2008年，王勇平获选“人民网十大最受网友欢迎的嘉宾”。原铁道部对王勇平的“迅速处理”虽然平息了众怒，但是“王勇平”作为一个话题性的标签，成为中国新闻发布制度绕不开的话题。同为新闻发言人的王旭明曾在王勇平停职后在个人微博上这样说：我宁愿把铁道部新闻发言人卸任看作一件正常的事情，而不愿看作一种惩罚。若说惩罚，有的新闻发言人该讲而不讲该不该罚？不能让不讲话或永远讲“正确废话”的人永远占便宜、得利益，那是社会的倒退。

相比于甬温事故发生后的舆论围攻，经过一段时间的反思，开始有不少言论对王勇平给予更多的宽容和理解，“在当时的舆论氛围下，一个新闻发言人能够不回避，能够坦然面对记者前所未有的逼问，没有怒发冲冠离席而去，已经相当不错了”。《南方周末》认为，“那场史上最混乱的发布会”造成了“大众的误解”，“王勇平绝不是个例，正是目前中国发言人现状的集中体现。信息公开制度缺乏保障，新闻发布本质上是政治口红。”① 凡是被寻找原因的聚光灯照亮之处，批评的怒火就会爆发出来，然后，仓促组织起来的准备不足的“辩论消防队”必须以强劲的反辩去平息这些怒火，并抢救那些还能抢救的东西。② 然而，在发布现场，除了几句点燃情绪化的感性话语，王勇平在仓促之间并未留给媒体更多可报道的内容。王勇平事件成为中国新闻发布制度“提速”建设遭遇的第一次“风寒”，这直接引起了国内政界、学界和媒体对新闻发布制度本身缺陷的思考。

---

① 刘俊，赵一海．“你想我说什么，我又能说什么？”——王勇平沉默告别新闻发言人生涯［N］．南方周末，2011-8-19.

② 贝克．风险社会［M］．何博闻，译．南京：译林出版社，2004.

### 四、新闻发言人制度中的短板

王勇平事件激发了学界和媒体对中国新闻发布制度的质疑，但从该项制度的主要推动者的角度来看，对新闻发布制度继续完善和发展的态度是毫不动摇的。王晨（2011）认为，“（这）恰恰说明我们要继续坚定不移地推进这项制度，要努力提升新闻发言人各方面的素质和能力，要坚定不移地加强这项制度的建设”①。然而，新闻发布制度运行中的短板逐渐明显，主要体现在两个层面：首先是体制问题。前文就这个问题也有提及，在我国新闻发布制度的政治语境下，新闻发言人是授权制的，这与西方国家新闻发言人的职业化生存截然不同，对工作单位的个人职业认同与处理信息沟通的新闻发言人职业认同也会导致截然不同的结果。其次是机制运作问题。因为是授权模式，那么，新闻发言人一方面要得到上级领导“授意”，才能就部分信息向媒体和公众发布、沟通；另一方面，新闻发言人的专业化问题凸显，新兴媒体方兴未艾，舆论场上纷纷攘攘，如何有效、及时地就民意关心、社会关切的热点问题进行议程设置成为考验新闻发言人的一道坎。没有迈过这道坎，就表现出不敢说、不愿说、不会说。“不敢说”的原因在于新闻发言人的保障机制不完善，“有追责无奖励”是相应法规条文缺失的重要体现。“不愿说”综合了后果导向和“授权”的职务影响等综合原因。“不会说”的根本原因则是“专业化”问题，虽然新闻发言人培训每年都有上百场，但是就设置新闻发言人的机构和部门来说仍远远不够，况且培训多是技巧、策略的“短期集训”，并不能期待对所有可能的新闻发布议题都有完美的应对。

## 第五节　再出发：从何处出发（2013—2019年）

### 一、新闻发布的广度和深度

2019年第一季度，国务院新闻办、中央和国家机关有关部门、地方（省级）已举行350余场新闻发布会，对每周新闻发布数量的盘点从2017年之后都公开在国新办官网上。2013年，国务院办公厅出台了《关于进一步加强政

---

① 康小兰. 从体制机制上加强新闻发言人制度建设［EB/OL］. http：//www.scio.gov.cn/m/xwfbh/zdjs/Document/1086864/1086864.htm.

府信息公开回应社会关切提升政府公信力的意见》（国办发〔2013〕100号），就新闻发布平台、机制和保障做出详细规定，并且细化到“与宏观经济和民生关系密切以及社会关注事项较多的相关职能部门，主要负责同志原则上每年应出席一次国务院新闻办公室新闻发布会，新闻发言人或相关负责人至少每季度出席一次”。党的十八大以来，特别是十八届三中、四中全会以来，以习近平同志为核心的领导集体统筹国内国际两个大局，在保持大政方针连续性和稳定性的基础上，主动谋划，努力进取，各方面工作都取得了显著成绩，呈现以下几个鲜明的特点：第一，新闻发布数量屡创新高。2018年，仅国务院新闻办公室组织策划的新闻发布会、吹风会和中外记者见面会就有109场，一天之内组织两场甚至三场的情况也多次出现。虽然不断增长的数据并不能完全说明中国新闻发布制度化取得的成绩，但至少可以从侧面看出，不管是政策倒逼也好，还是相关机构单位主观意愿开放也好，整体来看，这本身就是一种阳光形象的展示，“这些努力为中外媒体报道提供了大量的重要信息”①。第二，“国家发布平台”的协调能力更上一层楼。面对重大议题的发布、复杂事件的发布、牵涉多方的发布，国新办作为中国新闻发布的主要推动者和组织者，充分运用联合发布和系列发布形式，凸显了新闻发布具体工作中的综合协调能力。第三，发布议题和社会热点高度吻合。面对我国社会经济改革进入攻坚期、深水区的情势，很多发布会取材于现实中的热点、痛点、难点、疑点问题，积极回应社会关切，彰显了新闻发布的巨大作用。第四，发布形式和方法更加多元、灵活。比如，结合发布议题将发布场地扩展到地方；邀请中外媒体记者现场考察中发布重要消息；发布会现场除主要发言人之外，具体负责事务的人员随时准备回应记者提问，等等。这些多元化的形式都是十多年来在新闻发布制度化建设中摸索和学习获得的经验。事实证明，只有不断运用新的发布形式，探讨不同发布策略，才能取得良好的传播效果。

在新闻发布制度化的今天，新闻发言人、发布厅、答记者问等要素对中国党务、政务、军务等公开工作来说，俨然是理所应当的事情。新闻发布现场往往被视为“看不见硝烟的战争”，特别是构成全新舆论生态的移动互联网，打破了信息垄断的舆论环境，构成了全新的媒介生态。行政机关要在公开透明条件下回应公众关切，树立良好形象，就必须时时刻刻面对各种各样

① 蔡武在国务院新闻办公室2015年新年招待会上的致辞［EB/OL］. http：//www. scio. gov. cn/zxbd/wz/Document/1388541/1388541. html.

的“聚光灯”“放大镜”“显微镜”，娴熟地运用各种形式的传播媒介。面对新形势、适应新常态、树立新思维正是创新和发展移动政务的三个重要维度。随着政务新媒体的推进，近几年逐渐增多的微博、微信公众号、新闻 APP 等诸多新形式为党务、政务、军务等的公开提供了便捷渠道。人民网舆情监测这些新的发布平台不仅有利于及时协助政府处理各种事件，尤其是在突发事件中及时澄清谣言，发布准确信息，也可以提高执政层的媒介素养，增强与人民群众的联系。每逢重大或突发事件发生后，“两微一端”作为第一信源的情况并不少见，这也是新闻传播发布主体获取话语权、引导舆论格局面临的新挑战。

## 二、不进则退：新闻发布制度的现代警示

从组织分析角度，可以把中国新闻发布制度的基本问题概括为一统体制与有效推动之间的矛盾。为了缓解这一矛盾，制度化演进过程中出现了一系列制度设施和应对机制。这些制度设施和应对机制间的相互作用和运行过程体现了国家治理的制度逻辑。中国传统政治文化中推崇“神秘感”和讷言敏行，政治基因里其实并不具备现代国家所要求的政治沟通理念、规范和条件。笔者在第二章详细论述了中国新闻发布制度的“透明”观念从何而来，但是由于历史依赖路径，就整个现代国家的历史来看，15 年的新闻发布制度化进程前路且长，如果没有一套顶层设计和推行措施的话，就会面临“不进则退”的困境。

作为新闻发布制度的“升级版”，例行新闻发布制度也在推进。例行新闻发布会的特点是每周、每月或每季度定时定点举行，有相对固定的发布频率，密度高、时效快、权威性强。2013 年 10 月，国务院办公厅印发的《关于进一步加强政府信息公开回应社会关切提升政府公信力的意见》（以下简称《意见》）指出，“国务院各部门要建立健全例行新闻发布制度”。2017 年 5 月，国新办对 77 个中央部门和单位、31 个省（区、市）和新疆生产建设兵团 2016 年新闻发布工作的评估考核结果引发关注，因为只有 29 个中央部门和单位建立了例行新闻发布制度，48 个单位尚未建立。根据《意见》，国新办建立了“4×2×1+$N$”① 新闻发布模式的刚性工作要求。

① “4”，就是与宏观经济、民生关系密切和社会关注事项较多的部门，每季度至少举行 1 次新闻发布会，每年 4 次；“2”，就是这些部门的负责同志每半年至少出席国新办新闻发布会 1 次，每年 2 次；“1”，就是这些部门的主要负责同志每年至少出席国新办新闻发布会 1 次；“$N$”，就是发生重大社会关切和重大突发事件时随时召开新闻发布会。

自2003年开始推动新闻发布制度建设以来，国务院新闻办、中央各部门、各省（区、市）人民政府三个层次的政府新闻发布制度在全国范围内建立起来，并不断向基层和企事业单位延伸。随着政府新闻发布制度的不断进步，党务、军务的新闻发布制度也逐渐成熟，不断壮大的新闻发言人队伍成为推动我国新闻发布工作的骨干力量，尤其是突发事件的新闻发布不断取得突破性进展，成为新闻发布工作的亮点。2014年5月1日，《中华人民共和国政府信息公开条例》（以下简称《条例》）正式实施6周年之际，公益组织广州众一行发布了《政府信息公开条例执行情况民间观察报告》，指出《条例》实施6年来，行政部门对其保密权的捍卫仍然清晰可见，现实中还存在许多妨碍公众知情权实现的障碍。事实证明，即便有约束机制存在，如果没有转变人的理念，认识不到新闻发布制度在现代化社会中的地位和作用，任何法律条文都显得苍白无力，制度的持续深入推进也将如逆水行舟，不进则退。在依法治国的当下，在人人都有麦克风的自媒体时代，绝不能把新闻发言人武装成“太极高手”“灭火队长”，更不能让“二把刀”来应对复杂的信息公开和舆论监督，而是要“以公开促公正、以公开保公正”①。通过十余年的努力，我国政府新闻发布工作的确取得了明显进展。但也不得不承认的是，新闻发布工作推进形势依然十分紧迫，实践中的问题仍然十分突出，当前政府新闻发布工作仍存在不敢说、不愿说、不会说等亟须解决的问题，新闻发布的及时性、规范性、权威性等都有很大的提升空间。

2014年6月30日上午，中青报首席评论员曹林在其新浪博客上发表了《新闻发言人制度在中国的失败》一文，立即被多方转载，“新闻发言人与新闻发言人制度”问题成为舆论关注的焦点。该文约2000字，涉及新闻发言人培训现状、“黄金一代”新闻发言人职业境遇的叙述，以及“新闻发言人制度失败”的论断。文章指出：几年前曾踊跃发言的新闻发言人几乎均退出公众舞台，而后续的新闻发言人也未能延续前期发言人的职业精神，小心谨慎，无法沟通官民。从外部而言，这是官方和民间的双重夹击造成的；从内部而言，新闻发言人培训等也走上技巧化的歧途，不能提供有生后备力量。新闻发言人制度当下不仅停滞不前，甚至反而成为阻碍新闻发布的屏障。新闻发言人制度在中国的实践是失败的。

该文经曹林本人在其拥有约45万粉丝的新浪微博上转载，多位业界、学

① 苏显龙. 发言人别成稻草人 [N]. 人民日报，2014-10-16（5）.

界人士参与评论，曹林也多次转发原文下支持其文章的评论，并经由微信平台发酵，产生了更广泛的影响。评论多表示同意文章观点，但部分人也对发言人“自由裁量权”过小表示理解和同情，两个舆论场的矛盾并非新闻发言人所能解决，同时中国亦不会倒退至“封闭”的状态；个别评论指出，还应思考外交部发言人群体，这个群体相对其他新闻发言人而言更加独特；极个别评论表示反对，认为各国新闻发言人都只是“传声筒”，文章未免立场先于事实。

曹林文章确实代表了一部分人看待新闻发布制度建设的观点，也指出了我国当下新闻发言人制度中存在的问题，如新闻发言人培训不规范、部分培训流于形式、我国新闻发言人在官民之间的尴尬处境、新闻发言人的发布权限问题等。然而，文章观点的偏颇之处也显而易见。第一，它未能指出我国新闻发布制度大力推进十余年来所取得的突破性的、整体的、大幅度的历史性进步。第二，文章以偏概全，以王勇平、王旭明等新闻发言人个体来评议整个新闻发言人群体，全面否认我国新闻发布制度。第三，文章明显是从外部人的视角进行分析的，对制度本身的建设与发展的认知片面、浅薄，对新闻发言人培训工作的展开与深入了解甚少且相当肤浅（以培训中部分的“技巧化”来全面否定对新闻发言人发布理念和职业素养的培训）。尤其需要指出的是文章撰写者的立场。作者根本无视新闻发布制度建设在我国改革开放，特别是我国新闻改革和政治体制改革中艰难、曲折前行所取得的重要历史性进步（这点连海外舆论非议都相当有限），而是武断地使用“失败”一词妄加否定。此文章最大的逻辑问题在于，曹林强调新闻发布制度应该保证信息公开、促进官民沟通，新闻发言人不应该成为“新闻当事人”，但他对新闻发言人又有较高的期待，认为其应该如“明星”般被了解与喜爱，而这其实是相悖的。同时，新闻发言人“不活跃”并不意味着信息发布停滞，目前除了新闻发布会之外的信息公开形式、新闻发布方式都已被广泛运用，这亦是“新闻发言人黄金时代”的另一种表现形式。

新闻发布制度再出发任重道远。具体而言，首先，要在思想上高度重视这些质疑言论。当下，对我国新闻发布制度建设中类似的多次“干扰”，相关部门重视不够，缺少“发声”，在展示制度建设正面形象的关键时刻缺位将会丧失很多。其次，通过多渠道主动展开舆论“攻势”，要组织一些有分量的正面文章（包括视频节目等），在重要的主流媒体上（如《求是》杂志、《人民日报》、央视等）对我国新闻发布工作制度建设走过的艰难路程和取得的重大成就予以有理有据、有针对性的阐释，以此向社会表明我们的立场和态度。

虽然现在的新闻发布制度存在问题，但是不能本末倒置，更不能任由诋毁，要让社会了解“中国新闻发布制度建设大力推进的十多年，走过了西方几十年甚至是近百年的路程。这为我国的改革开放，特别是信息公开起到了极为重要作用，成就举世瞩目”。最后，对推动全国新闻发布工作的国新办来说，可以充分利用“迁入”中宣部办公，方便“整合内宣”的时机，通过组织文章、多方采访、召开座谈会、举行学术论坛等多种方式主动“发声”，形成合力；亦可以运用“平衡报道”方式，邀请“第三方”介入“回应”；甚至可以考虑邀请一些海外人士参与此方面的评论，用多种报道方式（包括新媒体推送方式）迂回策应，多方“发声”，回应社会关切。

2013 年 11 月 9 日，“十年再出发——中国新闻发布实践与创新论坛”在北京大学召开，参与论坛的包括中央部委、企业新闻发言人、学界和业界的专家学者，参会者们共同回顾过去十年我国新闻发布制度的发展历程，论道新闻发布“十年再出发”①。然而面临的新问题是，如何再出发？从何处出发？未来的新闻发布制度将走向何方？这些问题也成为中国国家治理现代化过程中的重要议题。

## 小　结

尽管自 2003 年起政府机构普遍设立了新闻发言人的直接起因与应对公共卫生等突发事件有关，客观上却为推动政务信息公开和最终建立信息公开制度提供了新的契机和动力。事实上，以往我们的社会之所以容易滋生各种各样的“小道消息”和“谣言流言”，官方权威的信息渠道不通畅、不透明是最主要的原因之一。不过，此项改革举措要根本解决的不只是有没有“人”的问题，而是最终建立满足民众知情权需求的常态化的政务信息公布渠道，它是整个社会政治文明建设范畴之内的一项基础性制度安排。新闻发布制度从来不是一蹴而就的，也不是独立运行的，它与其他制度并行运作，并受到宏观的国家制度的影响。任何理论研究绝不是先后代替的线性结果，而一项制度的推行同样如此。总体上看，现代新闻发布制度在中国的第一个十五年，将信息公开内化为新闻宣传工作顶层设计中的意识成为必要，中国用富有特

① 中国新闻发布实践与创新论坛论道新闻发布“十年再出发”［EB/OL］. http：//gb. cri. cn/42071/2013/11/09/2225s4316043. html.

色的形式迅速建立了一套覆盖全国的新闻发布网，在“硬件”方面提供了“透明中国”的现实可能性。然而，随着时间的推移和实践的检验，制度在运行过程中遭遇了“失调症状”，不仅体现在体制方面，也体现在作为“软实力”的人的素养方面，不进则退——这是新闻发布制度在实际推行过程中的真实写照。这些深层次的问题在过去的十余年里不时暴露出来。新闻发布制度的完善与成熟单单从新闻发布活动的数量并不能很好地测量其真正成效，如果说至关重要的是质量问题，那么，这将必须考虑夹杂在制度化进程中的发布者、媒体和公众等三方力量是如何共同推动制度运行的。

# 第五章

# 新闻发布制度化进程的力量博弈

2018年，孙立平针对社会上发生的一系列热点事件提出了“短链条正义”的概念。这个概念是指在判断一件事情是否正义时，要去除掉动机、背景、实质、进一步效果等相关因素，就事情本身做出简单的判断。不是说这些因素不存在，而是说暂时弃之不管。孙立平提出一个有意思的判断，即“复杂问题简单化”，提醒学者和文化人改掉常有的毛病，注重最基本的要素，避免因枝节横生而把事情人为地复杂化、模糊化。因此，本章试图从新闻发布体系的复杂关系中提炼简单的因素。虽然新闻发布制度包含“新闻”二字，但是并不能将视野局限在媒介或信息传播上，而要关注“系统”内与之相关的其他因素。在利用媒介促进经济社会发展方面经验最多的国家，人们经常谈论的不是“媒介”，而是“运动”或“系统”，这是因为结果常常不是来自单个信息或单个媒介的影响，而是产生于相关信息或互补渠道的一系列影响。① 就本书的研究对象来说，新闻发布制度受到历史脉络、政治文化、现代性问题、律法、传媒环境等诸多因素的影响，本书第二章在审视中国新闻发布制度的观念时对这些因素进行了粗浅讨论，但分清系统里纷繁复杂的诸多因素何其困难。为了能够对我国新闻发布制度有一个相对清晰和透彻的了解，具体到新闻发布制度化进程中多重博弈力量分析时，笔者将对发布者、媒体和公众三方进行辨析，尽可能地聚焦核心问题，缩短考察新闻发布制度进程的链条。

国内大多数新闻发布制度的研究聚焦在“政府”这一主体上，以“政府新闻发布制度”为议题的研究数量远远超过其他类似议题。就本书而言，新闻发布制度是一项促进信息公开透明的约束性制度，在政府与社会这组相互博弈的关系中，政府依然掌握着大量的公共信息，所以政府成为新闻发布制

---

① 威尔伯·施拉姆. 大众传播媒介与社会发展［M］. 金燕宁，等，译. 北京：华夏出版社，1990：157.

度的主要主体，但是政党和军队同样不可忽视。媒体是新闻发布活动的重要载体，信息的呈现方式和视角直接关系到传播效果的好坏。公众是信息的接收者，但这并不意味着公众不重要，恰恰相反，公众在新闻发布活动中起到价值体现作用，没有公众，信息发布就失去了最根本的存在价值。本章讨论的先后顺序是按照一般情况下信息传播路径展开的。

## 第一节　发布者：信息“垄断—公开”的辩证法

### 一、执政理念的变迁如何影响新闻发布

执政理念变迁首先体现在持续推进的政治体制改革上，其他任何改革都以政治体制改革为条件，因为政治体制改革的缺位会导致转型时期需要推进改革的其他机制都无法实行。比如，全社会对改革的讨论，公众对改革的参与，大规模的公正立法，都需要政治体制改革这个前提条件。[①] 同样，政治体制改革所投射的执政理念直接影响着新闻发布制度化建设的走向。从1978年党的十一届三中全会起，中国政治体制改革在之后的二十多年里整体上呈现出三大变化：第一，从对“权力”的改革到对“权力运用”的改革；第二，从“理想”的改革到“制度”的改革；第三，从“总体设想”到“分步走”的渐进改革。[②] 最基本的走向是愈加注重改革的科学性和现实性，特别是20世纪80年代中期，中央政治体制改革研讨小组（简称“中央政改办”）就专门针对中国的政治体制改革探讨思路并设计蓝图，中国共产党第十三次全国代表大会报告中大量吸收了该小组《政治体制改革总体设想》的内容[③]，虽然这次政治体制改革从研讨到展开前后仅持续三年左右时间，但为执政理念的深层变革留下很多经验和思路，也多次为党和政府的重要文件提供了政治智慧。

每一次政治体制改革在国家层面都对目标、路径和现实情况有了越来越清醒的认识，政治体制改革的内容一般包括民主制度的健全、机构设置改革、法制和民主监督等方面。随着政治体制改革讨论小高潮的退去，1997年，党的十五大又重新把政治体制改革提上日程，强调并突出了信息公开的重要性，

① 孙立平. 博弈：断裂社会的利益冲突与和谐［M］. 北京：社会科学文献出版社，2006.

② 孙立平. 博弈：断裂社会的利益冲突与和谐［M］. 北京：社会科学文献出版社，2006：8.

③ 吴伟. 中共“十三大”前后的政治体制改革［J］. 领导者，2011（43）.

“实行政务和财务公开，让群众参与讨论和决定基层公共事务和公益事业”。此后，强调政治体制改革的多份政府文件中都将“公开”与监督手段、政治民主、公众参与等关联起来。2000年12月，中共中央办公厅、国务院办公厅发出《关于在全国乡镇政权机关全面推行政务公开制度的通知》（中办发〔2000〕25号），对乡（镇）政务公开做出部署，对县（市）级以上政务公开提出了要求。

执政能力是执政党对国家权力系统进行科学有效治理的能力。2002年，党的十六大第一次把“加强党的执政能力建设”任务摆在全党面前，并强调进一步转变政府职能，改进管理方式，推行电子政务，提高行政效率，降低行政成本，形成行为规范、运转协调、公正透明、廉洁高效的行政管理体制。在提高执政能力和水平的同时，就如何加强对权力的制约和监督方面，报告明确提出“认真推行政务公开制度”，“发挥舆论监督的作用”。显然，“认真”推行一项制度本属应有之义，此处的表达有冗繁之嫌，但是毕竟这是首次在大会报告中提出“政务公开制度”，而党的十五大报告还停留在“实行政务和财务公开”。从没有任何约束的要求公开到“制度”约束层面的公开，此后我国新闻发布制度的出台和推行早在执政理念层面发生转变之时就开始孕育。但是，仅在官方文件中列出公开要求还不足以扭转根深蒂固的传统思路，2003年的“非典”疫情暴露了从信息控制到公共卫生体制的系列弊端，信息公开制度开始占据上风，同年的孙志刚事件、刘勇黑社会案件则进一步融入了政府与民意的互动因素。孙立平认为，在我国新闻发布制度开始建设的前两年，政府过去那种刚愎自用的品格开始发生变化，民众表达利益和要求的权利也开始合法化，政府与民意之间甚至与社会压力之间的良性互动关系开始形成。①

这种良性互动理念在政府文件中可见一斑。2004年3月，国务院印发《全面推进依法行政实施纲要》（国发〔2004〕10号），把行政决策、行政管理和政府信息公开作为推进依法行政的重要内容。当年的政府工作报告中再次强调“要建立政务信息公开制度，增强政府工作的透明度”。2004年9月，党的十六届四中全会做出的《关于加强党的执政能力建设的决定》在强调信息公开对监督手段的丰富、促进政治民主走向、依赖公众参与等方面如此表

① 孙立平. 博弈：断裂社会的利益冲突与和谐［M］. 北京：社会科学文献出版社，2006：224-225.

述："通过多种渠道和形式广泛集中民智"，"要广泛征询意见，充分进行协商和协调"，"对与群众利益密切相关的重大事项，要实行公示、听证等制度，扩大人民群众的参与度"，"任前公示、公开选拔"，"逐步推进党务公开，增强党组织工作的透明度"①。2005 年 1 月，党中央印发《建立健全教育、制度、监督并重的惩治和预防腐败体系实施纲要》（中发〔2005〕3 号），明确提出"健全政务公开、厂务公开、村务公开制度"。同年 3 月，中办、国办《关于进一步推行政务公开的意见》提出，"要完善政府新闻发布制度，通过政府新闻发布会定期发布政务信息"②，并"建立健全政务公开的法规制度"，加强制度建设。同年的政府工作报告提出，要"健全社会公示、社会听证等制度，让人民群众更广泛地参与公共事务管理。大力推进政务公开，加强电子政务建设，增强政府工作透明度，提高政府公信力"③。2007 年，党的十七大报告提出，要"完善政务公开"，"推进党务公开"，"完善各类公开制度，提高政府工作透明度和公信力"。2012 年，党的十八大提出，"推进权力运行公开化、规范化，完善党务公开、政务公开、司法公开和各领域办事公开制度"。

中共中央制定的《中国共产党党务公开条例（试行）》是十九大后发布的首部条例，其中规定了应当公开的 4 类情况："党的组织贯彻落实党的基本理论、基本路线、基本方略情况，领导经济社会发展情况，落实全面从严治党责任、加强党的建设情况，以及党的组织职能、机构等情况，除涉及党和国家秘密不得公开或者依照有关规定不宜公开的事项外，一般应当公开。"党务公开分为 3 类主体：党的中央组织、地方组织、基层组织；党的纪律检察机关；党的工作机关、党委派出机关、党委直属事业单位、党组等。

为了从政府文件中透视执政理念和政治体制改革对新闻发布制度建设的影响，笔者梳理了 2003—2019 年政府工作报告中与信息公开相关的内容，对其中涉及公开的领域进行了简单汇总，如表 5-1 所示。

---

① 中共中央关于加强党的执政能力建设的决定 [EB/OL]. http://baike.baidu.com/view/2808339.htm#11.

② 关于进一步推行政务公开的意见 [EB/OL]. http://www.chinalawedu.com/falvfagui/fg21752/11757.shtml.

③ 2005 年国务院政府工作报告 [EB/OL]. http://www.gov.cn/test/2006-02/16/content_201218.htm.

**表 5-1 政府工作报告中与信息公开相关的内容一览（2003—2019 年）**

| 时间 | 关键表述 | 公开频次 | 备注 |
|---|---|---|---|
| 2003 | 村务、厂务、政务公开逐步推行 | 3 | 明确基层公开 |
| 2004 | 建立政务信息公开制度 | 1 | 首次提出 |
| 2005 | 大力推进政务公开，加强电子政务建设 | 2 | 提出电子政务建设 |
| 2006 | 政务公开、厂务公开和村务公开不断扩大/大力推行政务公开，完善政府新闻发布制度和信息公布制度 | 5 | 前置“政务公开” |
| 2007 | 完善政务公开、厂务公开、村务公开等制度 | 3 | “完善” |
| 2008 | 推进政务公开，完善新闻发布制度，加强电子政务建设/深入推进政务公开、村务公开、厂务公开大力推行政务公开，健全政府信息发布制度，完善各类公开办事制度，提高政府工作透明度，创造条件让人民更有效地监督政府 | 11 | 在政治民主决策、市场运作以及社会参与中多处强调“公开”，为历年最多 |
| 2009 | 推进预算公开/各项决策都要做到过程民主公开/要推进政务公开，增加透明度，保障人民群众的知情权、参与权、表达权、监督权 | 5 | 首提预算公开 |
| 2010 | 要深入推进政务公开，完善各类公开办事制度和行政复议制度/让权力在阳光下运行 | 4 | “深入推进”新阶段 |
| 2011 | 推进政务公开/加快实行财政预算公开 | 4 | 强调“财政预算公开” |
| 2012 | 稳步推进地方财政预算、决算公开 | 1 | 强调财政预算、决算公开 |
| 2013 | 大力推动政务公开，重点推进财政预算决算公开和公务接待、公务车购置使用、因公出国出境经费公开 | 4 | “三公”公开 |
| 2014 | 建立权力清单制度，一律向社会公开/所有财政拨款的“三公”经费都要公开，打造阳光财政/健全村务公开、居务公开和民主管理制度/加大政务公开，完善新闻发言人制度，及时回应社会关切 | 8 | 在信息公开方面提出多个新词汇：权力清单/阳光财政/居务公开 |
| 2015 | 政务公开深入推进/除法定涉密信息外，中央和地方所有部门预决算都要公开/建立并公开收费项目清单/全面实行政务公开，推广电子政务和网上办事/对为官不为、懒政怠政的要公开曝光 | 9 | “公开”倒逼政务 |

续表

| 时间 | 关键表述 | 公开频次 | 备注 |
|---|---|---|---|
| 2016 | 政务公开加快推进，推广电子政务和网上办事/深入推进政务公开，充分发挥传统媒体、新兴媒体作用，利用好网络平台，及时回应社会关切，使群众了解政府做什么、怎么做 | 5 | 利用新兴媒体加强公开 |
| 2017 | 推进政务公开，省级政府部门权力和责任清单全面公布/深入推进政府预决算公开/及时公开透明有效应对公共卫生事件/加大政务公开力度/全面推行“双随机、一公开”，增强事中事后监管的有效性，推进“互联网+政务服务” | 6 | 从推进公开到“加大”公开 |
| 2018 | 全面推行财政预决算公开/全面推进政务公开 | 5 | “全面”推进 |
| 2019 | 加大预算公开改革力度/让权力在阳光下运行/全面推进政务公开 | 5 | “公开为民” |

近年来的政府工作报告都会提及信息公开问题，次数多少也直接透露出政府对该问题的重视程度。2008 年的政府工作报告中提及“公开”一词多达 11 处，也是至今提及“公开”最多的一份重要政府文件，当年恰是《政府信息公开条例》实施的第一年、《突发事件应对法》实施的第二年，北京奥运会的举办直接影响政府深入推进信息公开的速度和广度。2014 年、2015 年新一届政府在其工作报告中对信息公开的强调达到了近年来第二个小高峰，并且有不少新提法，除了词汇的创新之外，最关键的还是要看细节和实际落实情况，报告中强调“及时回应社会关切”。2013 年，国办出台的《关于进一步加强政府信息公开　回应社会关切　提升政府公信力的意见》直面已建立十年之久的新闻发布制度出现的症结和瓶颈，明确要求“与宏观经济和民生关系密切以及社会关注事项较多的相关职能部门，主要负责同志原则上每年应出席一次国务院新闻办公室新闻发布会，新闻发言人或相关负责人至少每季度出席一次”。这种强制性规定给新闻发布制度建设带来了极大的推动力，次年，仅国务院新闻办公室的发布平台上就召开了 87 场新闻发布活动，其中，民生、环保、经济等议题的绝对数量大幅度提高。

中国的政府机构是世界上最为庞大的，中国各级政府的“雇用”人员在 1400 万左右，他们分别任职于国家机关、群众团体、社会团体、宗教组织以及基层群众自治组织。如果按第六次全国人口普查公布的人口总数1 339 724 852人计算，每不到100个中国人中就有一名公务人员或政府工作人员。2001年至2012年，国务院先后六批取消和调整了2497项行政审批项目，占原有总数的69.3%；各省（区、市）取消和调整了3.7万余项审批项目，占原有总数的68.2%。① 如此庞大的群体如何将权力寻租最小化？怎么解决透明度和民主监督问题？这些都是中国的执政者们面临的最现实的问题。政治体制改革最重要的一环是转变职能，如政府对企业由“直接管理为主转变到间接管理为主”②，但是不管是间接管理还是直接管理，思维依旧是停留在“管”的层面，而国家治理的提出则说明我国在公共管理上观念的变化。社会的全面转型既是剧烈的，也是缓慢的，需要一个长期的过程，因为“社会的和国际的变化可能会持续一段较长的时间，并且在这一变化的曲折过程中，只有当几种因素在短期内纠结在一起时，才会引发政治体制的变革”③。不断推进的政治体制改革所蕴含的执政理念直接影响到我国新闻发布制度的建设和推进，其背后是国家治理所需要的社会协商对话机制。这种对话机制并非单纯源于西方现代学科的政治学、管理学、公共关系学或者新闻传播学，虽然这些学科对我国新闻发布制度的最终形成不无裨益，但是“建立社会协商对话制度的基本原则，依旧脱离不了发扬‘从群众中来，到群众中去’的政治传统”④。这种传统要求执政者们注重发挥协商对话渠道的作用，借助各种现代化的舆论工具，通过上情下达、下情上达的互动沟通机制，构建一个现代化的“阳光执政”。2015年2月的最后一天，腾讯新闻头条发布“柴静自费百万元拍雾霾纪录片”。一直关注中国环保的调查记者柴静在一个多小时的纪录片中真切地说：“2003年报道非典的时候，我得到最宝贵的经验是‘只有信息公开，才是一切公众参与的基础’。”环境在线监测、手机环保APP等都是公众利用便捷渠道进行监督的有效方式，环保如此，对政党、政

① 蔡如鹏. 数据解读中国：庞大的政府机构怎样运行［J］. 中国新闻周刊，2014（652）.

② 重温中共十三大报告［EB/OL］. http：//wenku. baidu. com/link？url = Lf-HFCJIIsQfBIih1RnvXSOpRzNEQ59PEcSUUIw_ j5Y8tLMDOuFWSe_ DsZ6kvpVvaxX4MAUEkuPfoRJPqko8y6Bu5yMPbRy-8WUe-agZvbS.

③ Gabriel A. Almond. Approaches to Development Causation［M］// in Crisis，Choice，and Change：Historical Studies of Political Development. Ed. Boston：Little，Brown，1973.

④ 重温中共十三大报告［EB/OL］. http：//wenku. baidu. com/link？url = Lf-HFCJIIsQfBIih1RnvXSOpRzNEQ59PEcSUUIw_ j5Y8tLMDOuFWSe_ DsZ6kvpVvaxX4MAUEkuPfoRJPqko8y6Bu5yMPbRy-8WUe-agZvbS

府等的监督何尝不是如此。只有信息公开，让权力在阳光下运行，最大限度地让普通公众参与决策、提供意见，才能避免权力运行中的“暗箱操作”。十余年来，信息公开逐渐从理念变成了现实，执政党和各级政府主动公开信息的责任意识，以及公民要求信息公开的权利意识都在增强。

## 二、新闻发布者的媒介素养

我国新闻发布制度中的发布者（即发布主体）既包括党务、政务、军务的新闻发言人，也包括直接负责发布与接收反馈信息的其他组织团体负责人，而这个“人”并不是实体人，而是一套系统与机制，这在后文会有详述。互联网除了带给人们一个“地球村”外，也带来了一个信息泛滥的时代，媒介素养问题随之出现。媒介素养用来证明人们对多样化媒介的利用能力，国内关于媒介素养的研究多聚焦于大学生、小学生、农民工等特定群体，关注他们对大众传播工具的使用动机、态度和方式等。媒介素养也是媒介化时代个体“社会化”的新途径。随着“新闻执政”概念的引入，新闻发布者的媒介素养问题逐渐受到学界关注。实际上，新闻执政正是执政者在信息化时代对媒介理解和运用能力的高度概括，提高执政者的媒介素养是新闻执政能力提升的体现。

“新媒体”从本质上看是一种相对主义概念，相对于电报，报纸是新媒体；相对于报纸，电视是新媒体；相对于电视，电脑是新媒体；相对于电脑，移动终端又成为人们的“媒介新宠”。新旧媒体的代替速度越来越快，人们有时不得不用“新新媒体”这样的加重符号来指代最新兴起的媒体。这里的媒介分类是按照物理形式划分的，当然还有按照内容、传播方式等进行区分的传统媒体与新媒体。之所以有必要将媒介形式进行区分，因为这不仅是一场关于信息传播方式的革命，也关乎新闻发布主体思维的彻底转变。

通常来说，传统的新闻发布活动主要有新闻发布会、新闻通气会、背景吹风会、组织记者集体采访、新闻公报和声明，以及电话、传真邮件答记者问等，这些不同的新闻发布形式在正式性、灵活性和操作性等方面有不同的适用范围。其中，新闻发布会按发布方式可分为三种：一是“自主发布”，即由新闻发言人出面，定时、定点举行发布会，如外交部、教育部、卫生部、国家统计局、上海市政府新闻发言人定期召开发布会回答记者提问；二是“搭台发布”，由各级党委、政府的新闻发布机构定期或不定期邀请不同业务部门有关负责人或新闻发言人就某一个主题举行新闻发布会，国务院新闻办公室（中央外宣办）、国务院各部门（中央各部门）和各省（市、区）党委、政府新闻发布机构举行的发布会大都属此类；三是“系列发布”，指各级新闻发布机构定期或不定期邀请不同业务部门有关负责人或新闻发言人就某一个主题进行组合发布，通常由与主题相关的、不同形式的数场发布活动共同构成，如中央外宣办策划、组织和实施的“建党 89 周年系列发布活动”、“建党 90 周年系列发布活动”以及“十八大记者采访活动”、“十九大发布”、“两会发布”均属此类。

在我国新闻发布制度发展的现阶段，传统新闻发布活动的地位依然重要，其信息传播的权威性和对相应发布机构的制度约束都是其他发布方式不可代替的。然而，官方网站、“两微一端”（微博、微信、客户端）等形式对新闻发布主体掌握运用新媒体提出了挑战。国务院办公厅在 2013 年 100 号文件中提出：“统筹运用新闻发言人、政府网站、政务微博微信等发布信息……扩大发布信息的受众面，增强影响力。”“要为信息公开工作人员、新闻发言人、政府网站工作人员、政务微博微信相关人员参加重要会议、掌握相关信息提供便利条件。”“经常组织开展面向信息公开工作人员、新闻发言人、政府网站工作人员、政务微博微信相关人员等的专业培训。”“国务院办公厅和国务院新闻办公室、国家互联网信息办公室要协同加强对政府新闻发言人制度、政府网站、政务微博微信等平台建设和管理工作的督查和指导”①。从措施保障到具体的业务培训再到督查指导，每一条文都直指当前信息化时代中锻炼新闻发布主体的媒介素养问题。网络新闻发言人也随即成为新闻发布队伍中的新生力量，这一群体的诞生既意味着我国新闻发布制度的创新，也标志着信息公开、电子政务的深入发展。

近年来，网络新闻发言人在各地纷纷亮相。2009 年 7 月，云南省委宣传部提出将在各级政府部门建立“网络发言人制度”；同年 8 月，广东省工商局以“广东省工商局网络发言人”的网名回复网友对韶关市工商局的质疑；同年 9 月，贵阳市政府“网络新闻发言人”正式从幕后走上台前，进入实战演练。如今政府网站普遍设置的舆论监督回复专栏、便民问答、互动平台等注重与网民沟通交流的方式已不鲜见。2014 年，中国政府网站绩效评估总报告认为，政府网站已经成为互联网时代政府机关的形象代言，我国政府网站经

① 关于进一步加强政府信息公开回应社会关切提升政府公信力的意见［EB/OL］. http://baike. baidu. com/link? url = WW9kPrP3jzfZB_ rvmWN74T6RlUqRsTGyHkOKzPgm3bWqqwsTIXESQMFBHgsOHHa73-dn9M vaVGG59Q-f1oLffa.

过十余年的发展，已经形成了以中国政府网为龙头，部委、省、市、区/县各层级全面覆盖的政府网站体系；政府网站也已经从单纯的信息发布平台，转变为信息公开、政策解读、在线办事、公众参与的政府机关互联网工作平台。① 通过网络及时、主动、便捷地发布权威信息的网络新闻发言人经历了风光的“建制潮”之后也遭遇了尴尬，如信息更新不及时、内容陈旧、“空壳”现象等，这些问题的出现打破了网络新闻发言人的建立之初的美好想象。常态化、动态化的即时发言是否能够做到高效、便捷、及时的信息传播呢？牵涉多部门问题的网络发言人的回复是否具有权威性和时效性？如何应对网民的质疑和责难？等等，当这些问题尚未找到明确的解决办法时，社会化媒体如微博、微信的政务形式又出现了。上海交通大学发布的《2018 中国政务新媒体发展白皮书》显示：目前，整个政务新媒体平台格局逐渐向“1+2+*N*”发展——“1”指网站，“2”指微博、微信，“*N*”则指以今日头条、抖音、澎湃、喜马拉雅等为代表的新平台。截至 2018 年 12 月，我国在线政务服务用户规模达 3.94 亿，占整体网民的 47.5%。各级政府运用互联网、大数据、人工智能等信息技术，通过技术创新和流程优化，进一步提升了政务服务效能。② 近年来，以今日头条、抖音等聚集年轻人的轻社交平台非常活跃，党、政、军都在这些新兴媒体上开通了账号，尤其是一向严肃的军队形象在这些新兴平台上颇受好评，“硬新闻”也开始成为部分青年受众视觉消费的必需品。但新媒体领域本身更新速度快，曾经的“政务新媒体”代表“两微一端”也面临新的困境。北京市 110 位新闻发言人曾集体开通微博并入驻“北京微博发布厅”，组成微博发布群，此举在全国尚属首例。但两个多月之后，有媒体盘点指出，发布厅 90% 的新闻发言人不能做到“每日更新”，甚至 3 名发言人的微博自开通至今一言未发。③ 新华社《半月谈》也有一项调查，结果发现在江西有 60 多位县级官员实名开博，多以解决民生问题为主要议题，其中却有部分“空壳博客”，既没有回应网友反映的问题，也没有原创博文，通篇都是会议讲稿致辞，有的半年都没更新过一次。④ 进入 2018 年以后，客户端的价值不断下降，几成“鸡肋”，网站总数也在缩减。《2018 中国政务

---

① 中国软件评测中心，2014 年中国政府网站绩效评估总报告［R/OL］. 2014. http://2014wzpg.cstc.org.cn/zhuanti/fbh2014/zbg/zbglist.html.

② 第 43 次《中国互联网络发展状况统计报告》。

③ 余荣华，邓淑文. 新闻发言人，触网如何不“怵网”［N］. 人民日报，2014-5-12（11）.

④ 丁永勋. 有新意的举措不能流于形式［N］. 新华每日电讯，2009-10-23（1）.

新媒体发展白皮书》显示：截至2018年6月，全国政府网站总数较2015年12月减少70.1%。其实，不管是政府网站、微博、微信，还是其他发布信息的客户端、新平台，归根结底，这些形式的背后终究是人为操作，信息公开的实效很大程度上由发布者的态度决定，官民之间的良性互动有赖于思想意识的改变。

因此，新闻发布主体在面对媒体和公众时不仅要有专业的政治素养、个人修养、领域内的专业知识，更要有最基本的媒介素养。因为新闻发布者是代表所在机构进行信息发布，与一般的新闻发布不同，其核心价值要素是保证“权威度”。在政治传播中，良性的传播可以提升政府的权威度、美誉度和诚信度。其中，权威度是指政府在运行中拥有的法定权力能为公众所接受的程度，以及在社会公共行政管理中所具有的令行禁止的控制程度①，这种权威度表现为通过有效的信息发布和回应逐步建立起来的公信力。信息化时代既是一个为多元化表达、个性化与情绪化声音提供更多渠道的时代，也是一个时代瓦解传统权威、公信力易碎的时代。公众“质疑”成为常态。面对种种质疑，正确的信息发布与回应理应做到迅速及时、明晰事实，真诚的态度是最起码的准则。此外，还需要尊重并理解社会情绪，“至于你信不信，我反正信了”的言论恐怕已成为新闻发言人罔顾公众情绪、进一步激发矛盾的案例。对于与群众接触最多的基层政府，尤其需要重视保持高效的沟通渠道，在第一时间回应群众的关切、要求和质疑。

## 三、新闻发言人在我国政治传播中的特殊地位和作用

我国新闻发布制度最早被称为新闻发言人制度，这也是源自西方“News Spokesman”的说法。这种称呼将焦点放在一个“人”身上，大大弱化了该制度的复杂性和统筹协调性。新闻发言人制度的建立既是中国提高执政透明度、保障公民“四权”（知情权、表达权、参与权、监督权）的重大举措，也是推进社会主义政治文明的重要组成部分。这个“制度人”可以沟通国家权力系统内外，为普通公众参与公共决策提供可能性，在我国政治传播中具有特殊的地位和作用。

### （一）何谓“制度人”

新闻发言人是所属机构的“话语形象”代言人，而已为公众熟知的新闻

---

① 张晓峰，赵鸿燕．政治传播研究［M］．北京：中国传媒大学出版社，2011.

发言人却不是一个人，这在当前的学界、政界和社会舆论中早有共识："新闻发言人不是某个人，而是一种制度。"在处理党委、政府与媒体、公众之间的关系时，新闻发言人是各级党委、政府党务、政务信息的发布者与解读者，起到重要的桥梁作用。在日常工作中，新闻发言人是常规新闻发布的主角；在紧急突发事件中，新闻发言人又是政府危机管理不可或缺的关键环节。这些工作往往不是一个新闻发言人可以承担的，而是在相关配套制度的保障下运转的。特别是网络新闻发言人，不仅要求发言人具备快速把握舆论热点的能力，更对相关制度安排提出了全新要求。面对突发事件，快速反应远远不够，因为这仅是起点，最终各方的协调解决才是目的。在此过程中，确保多个部门的信息保持通畅、新闻发布团队的通力合作和新闻发言人有足够的权力全面接触到即将发布的信息，三者缺一不可。

从实际操作层面来讲，新闻发言人是一种制度而不是一个"人"。对各级政府而言，确定一批新闻发言人容易，但建立新闻发言人制度及更广义的政务信息发布和信息公开制度却任重道远。不管是突发事件的新闻发布，还是常规发布，都应当将舆情监测作为必备环节，这是发布主体制定新闻发布活动的参考指南。特别是随着互联网技术的迅猛发展和信息传播方式的深刻变革，任何一个新闻都有可能在网络上发生舆论地震，把握时机及时回应舆论关切是新闻发布的切入口。充分发挥智库作用，多渠道听取新闻发布策划建议，能够拓宽新闻发布活动的思路。例如，国新办的新闻发布活动就拥有复旦和清华两个常设新闻评估组，不但日常发布活动会听取意见，而且每逢重大突发事件，新闻评估组也会及时评估舆情和传播效果并做出反馈，使新闻发布成为一个有机的动态链条。新闻发言人制度通过多种新闻发布平台向社会和公众及时传播重大决策、重要信息，报道紧急重大突发情况。针对突发事件信息混乱导致群众真假难辨的情况，由新闻发言人统一发布事件的真相与处理结果是负责任政府的体现。

在西方发达国家，新闻发言人制度十分普遍。美国全国政府传播者协会估计，当今，美国各级政府大约有 4 万名新闻发言人，他们也成为美国社会最具公关能力的群体。"新闻发言人站在新闻发布台前，发表的并不是他们个人的思想，而是代表政府的立场。从这个意义上说，新闻发言人更多体现的是政府的一种沟通、交流方式。"① 按照马克斯·韦伯的观点，与传统社会相

① 朱薇，朱彬. 新闻发言人是一群啥样的人［N］，新华每日电讯，2004-1-5（4）.

比，现代社会最大的变化就是科层化，这种科层化具有强烈的技术化倾向，在技术化取向的支配下，现代科层不仅更加依赖不同领域的专家，社会管理方式和手段也都倾向于科学化、合理化，强调个人魅力的“卡里斯马式”人物的行动会显得无能为力。与此相比，我国新闻发布制度“黄金一代”的明星式新闻发言人并不能彰显这项制度的根本性进步，一些备受媒体和公众关注的“黄埔一期”新闻发言人正是因为“个人英雄”式的悲壮永远告别了这一岗位。其实，“新闻发言人制度”一定程度上混淆了个体和制度的区别，作为代表党委、政府、军队等“发声”的发言人，正是依靠一套完整的舆情研判、主题提炼与策划、评估等详细、科学的规划才能完成新闻发布活动，营造更加公开、透明的信息环境，增强党务、政务、军务的透明度，积极努力满足公众的“四权”，这是现代政治民主的根本要求。

### （二）新闻发言人的特殊地位与作用

新闻发布活动中，发言人的活动由四个要素指标构成，分别是：发布制度、发布内容、问答环节和支撑素材。发布活动的数据主要包括发言人介绍情况的时长、内容要点、有形表现等。发布活动数据的获取主要取决于前期材料的获取和现场观察（包括对直播的观察）。现场观察的评估内容包括发言人的情况介绍与临场表现情况、记者提问和回答情况，以及对新闻发布活动现场的把控情况。每年的全国“两会”都是世界媒体聚焦中国的关键时刻，“两会”新闻发言人的经典语录也常常成为媒体竞相报道的热点。这既是一个展现中国信息公开透明的窗口，也是对我国新闻发布制度的一次检验，更是展现中国新闻发布制度发展进程的缩影。《人民日报》记者发现：“十几年前，主持人还能从记者的衣着、发式等区分内地记者与港澳台记者，如今几乎没有差别。”这意味着新闻发言人可能会“意外”地要直接回答敏感尖锐的问题，而这种情况在以往是很难想象的，新闻发言人答记者问精彩与否会成为媒体报道的新闻，新闻发言人制度的设置是信息公开、现代民主的根本要求。对我国信息公开和政治传播来说，新闻发言人具有特殊的地位和作用。

首先，新闻发言人可以引导舆论、设置议程。在我国，舆论导向向来是党和政府对思想宣传工作部门和新闻机构提出的政治方向要求，这种引导通过选择、反映以及评价某些社会事件，进而使公众形成大致相似或相同的意见。然而，随着新媒体技术的发展，舆论引导也面临更多的困难，人们有更多的意见表达渠道和方式，智识水平的提高为人们参与到共同的话语体系中提供了更多机会，公众“知情权”意识的觉醒使公共决策通过“意见市场”变得更加合理和科学。此外，多元思潮的并存、社会全面转型等时代背景是舆论场喧嚣的根本底色。新华社原总编辑南振中早在20世纪90年代就开始思考“两个舆论场”的问题，他认为中国存在两个舆论场，一个是以党报、国家电视台、国家通讯社为代表的“主流媒体舆论场”，其特点是忠实地宣传党和政府的方针政策，传播社会主义核心价值观；另一个是以互联网为代表的“民间舆论场”，人们在各种新媒体平台上议论事实，针砭时弊，点评各项公共政策。[①] 继此之后，学界还出现了关于三个舆论场（媒体舆论场、政府舆论场和公众舆论场）的讨论。不管舆论场如何切分，都显示出当前中国的舆论场不再是铁板一块。这种现实情况也对执政者进行传统意义上的舆论引导构成挑战。即便如此，舆论引导依旧是官方文件或宣传思想工作会议对意识形态的要求之一。美国传播学家M. E. 麦库姆斯和唐纳德·肖早在1972年的《大众传播的议程设置功能》中就提出，大众传播可能无法左右人们怎么想，却可以影响人们应该想什么。国新办曾在《加强和改进新形势下政府新闻发布工作》文件中明确提出，“各地各部门主动设置议程，积极开展新闻发布”。“设置议程”这一专业术语已不是第一次被运用到政府文件中，常规发布和突发事件发布的议程设置都可以影响媒体和公众舆论的走向。

其次，在突发事件中，新闻发言人还可以起到消除谣言、稳定民心的作用。2007年3月，“香蕉致癌”谣言导致香蕉价格暴跌10多天，政府有关部门举行正式新闻发布会澄清谣言后，香蕉市场的价格第二天立即回升。[②] 当这样的风险事件出现时，谣言的“次生灾害”极易造成巨大损失，特别是发生群体性事件、公共卫生安全事件等影响范围大、涉及面广的事件时更是如此，新闻发言人的重要性由此可见一斑。新闻发言人及时、准确、全面、有效地发言，是对党和政府信息公开要求的践行，有利于正确引导舆论、消除各种谣言。

再次，新闻发言人有利于满足公众的知情权与监督权。在推动党务、政务、军务等信息公开的过程中，新闻发言人还可以通过专门的渠道和独特方式满足公众的知情权和监督权。国内不少省市，专职新闻发言人已实现各部门全覆盖。新闻发言人的“集体亮相”以及政府新闻发布工作的全面部署，

---

① 人民网社论. 打通“两个舆论场”，化解社会对抗［EB/OL］. http：//view. news. qq. com/a/20110711/000057. htm.

② 卜云彤. 互联网和短信谣言，成海南香蕉杀手［N］. 新华每日电讯，2007-6-10（3）.

让政务信息与新闻事件、新闻焦点很好地联系起来，从而更好地让普通百姓了解政务、了解政策，通过媒体的反馈，便于政府及时调整政策，从而提高公共政策的质量，让决策更具科学性、针对性。[①] 制度化下的信息发布可以使决策者尽可能多地掌握社会各方对决策的意见和反馈，使公共决策能够兼顾多方利益，取得最佳平衡。

最后，新闻发言人有利于塑造中国国家形象。改革开放后，中国就立足于放眼世界，与国际接轨，特别是加入 WTO 之后，更需要追随国际潮流建立一个透明的信息公开机制。正如第三章所述，有学者从营销管理学出发，认为政治也像市场营销那样，需要塑造"品牌"形象，才能为政治赢得美誉度、忠诚度，而这种"品牌"的建立离不开执政者良好形象的塑造。那么，如何塑造"品牌"形象呢？新闻发布制度化下的新闻发言人队伍就是一支不可或缺的力量。不管是日常的新闻发布还是突发事件的新闻发布，每天数以万计的新闻发言人走上新闻发布平台，对外传播党、政、军等的最新信息，例行发布会早已是多个部委、各省市政府、地级市等机构的常设项目。中国的各级新闻发言人在制度化的规约下，主动谋划新闻发布议题，及时、主动、准确地向国内外媒体传播信息，加强议程的设置功能，积极努力营造一个维护世界和平、开放稳定和负责任的中国形象。此外，越来越多的新闻发言人现身网络。在网络新媒体环境下，政府信息公开日益变得立体化，信息公开方式更加贴近公众话语系统，信息公开的内容更具时效性，这也让政府公信力有了更坚实的基础。

## 四、政治公关的"权谋论"

政府公共管理职能的转变和信息公开理念离不开公共关系业的产生。公共关系在 20 世纪后半叶渗透到政治传播领域，其开放、透明、沟通、真诚的理念促进了西方资本主义国家民主政治的发展。[②] 然而，除了塑造美誉度和良好形象外，公共关系也曾被用于发动和鼓吹战争，用来修复破损的政党或企业家的公众形象，这种修复很大程度上是单方面的宣传，向公众灌输宣传者的意识形态，在这一层面上，公共关系被"阴谋家"所利用。那么，这种力图构造的"权力"是阴谋吗？还是一种将政府所制定的公共政策推销出

① 张洋，兰颖．"阳光政府"在路上［N］．人民日报，2012-5-2（17）．

② 李华君．政治公关传播：形象塑造、公众沟通与媒介框架［M］．武汉：华中科技大学出版社，2013：1．

去的政治营销手段呢？抑或政党为了巩固自身的统治地位而刻意塑造良好形象呢？

有人将政府与公共关系的结合视为“政治公关”，也有人称为“政府公关”。不管何种称呼，都表明在现代社会，公共关系确实在国家管理中起着重要作用。2014年，中办、国办曾下发21号文件，提出“加强公共关系处理能力”。什么是公共关系处理能力？仅仅理解字面意思不足以充分把握学科的真正意义，还要回溯到公共关系的历史脉络中去。公关关系的出现离不开两位人物——李普曼和贝奈斯，他们为公共关系业的产生奠定了理论基础，但仅有思想源流还不够，公共关系业的产生必然基于特定的历史土壤。出现在19世纪末20世纪初的公共关系业，其深层驱动力是当时美国社会经历的剧烈转型。当时社会贫富差距日益扩大，私有企业在自由化市场上激烈地竞争和兼并，出现了寡头垄断的市场结构，权钱交易极大地损害了社会公平正义，出现了专门揭露实业界丑闻的“扒粪运动”。在这种社会背景下，李普曼和贝奈斯等人的社会控制的舆论学说及塑造舆论的公共关系理论和实践应运而生。①从本源上看，公共关系是为了在社会转型带来严重危机的情况下，维持或塑造企业在市场中的良好形象，然而，公共关系思想渗透到政治领域则出现了更大的抱负——维护社会秩序。“当公共关系将无知、压制和对立转换为有知、妥协和协调时，它的社会功能，甚至说它的使命就是为社会服务。”② 现代社会中的国家垄断了暴力武器，为了维持国家或地区的社会秩序，具有实施暴力的唯一合法性。然而，在日常政治生活中，国家并不常用武力来解决问题，由于两次世界大战的教训，人类从未放弃战争，但是对和平的期盼和努力却是世界期许的潮流。那么，在和平年代，国家又靠什么实现社会控制呢？张巨岩认为，“现代社会正是通过公关关系和媒体来统治的”③。公关研究和政治学学者的更多研究告诉我们，公关关系可以通过调解社会矛盾和建立多方之间的良好关系，促使社会协调一致地和谐发展。

随着人口的增加，越来越多的人不能直接与竞选政治演说家们接触，所

---

① 张巨岩. 权力的声音——美国的媒体和战争［M］. 北京：生活·读书·新知三联书店，2004.

② 斯科特·卡特里普，阿伦·森特，格伦·布鲁姆. 有效公共关系［M］. 汤滨，王彦，孙会良，译. 北京：中国财政经济出版，1988：22.

③ 张巨岩. 权力的声音——美国的媒体和战争［M］. 北京：生活·读书·新知三联书店，2004：135.

以公众沟通不可避免地提到首要位置上来。[①] 其实，公众沟通产生的必要性不仅限于“人口增加”这么一个简单的原因，卡特里普等人认为其背后有更加复杂的多重因素。其实，在《有效公共关系》(*Effective Public Relations*) 一书中，卡特里普提醒人们，关注公共关系的历史并不是几个过于渲染的新奇事件加上几个耀眼的代表人物个性的描述就能完全概括的，也不能完全归功于艾维·李或阿瑟·佩奇与他人进行沟通和对付舆论的努力，不管产生公共关系业的原因何等复杂，它带来的社会效果都证明这是一种体现政府职能管理思维转变的事业，因为公共关系只有与冲突和社会变化相联系时才表现出其意义。“在美国的几次大的斗争与冲突中，其领导者都为争取公众的支持付出了很大的努力，包括以汉密尔顿为首的资产阶级与杰斐逊领导的工农集团的利益冲突，20 世纪，从罗斯福到里根，公关领域的发展则直接与政治变革运动所引起的政权斗争相联系。”[②] 同时，公共关系在政府中发展最迅速的时期正是政治处在危机时刻的时期，如第一次世界大战、经济大萧条和罗斯福新政时期、第二次世界大战、朝鲜战争、越南战争以及同苏联、中国关系不稳定的年代，在这些足以为世界历史浓墨重彩书写的事件中都有政治运用公共关系的影子，后者不仅是一系列可以实际操作的手段，更是一种智能的体现，它“用以认定、建立和维持某个组织与各类公众之间的互利关系，而各类公众则是决定其成败的关键”[③]。在现代社会，“public opinion”[④] 的分量不可小觑，没有一个国家或地区敢于公然和民意作对，注重“同意”，注重民意和公共舆论。政治可以动用一切引导公共舆论走向的手段，如政治家的演讲、通过各种媒介渠道发布信息、多种形式的新闻发布活动（包括新闻发布会和专题活动）等，这些又是一种政治营销策略。

同样在营销学中，政治公关又有另外一种解读方式，按照传统市场营销理论的观点，营销的核心包括四大要素，即价格（price）、销售网络

① 斯科特·卡特里普，阿伦·森特，格伦·布鲁姆. 有效公共关系［M］. 汤滨，王彦，孙会良，译. 北京：中国财政经济出版，1988：33.

② 斯科特·卡特里普，阿伦·森特，格伦·布鲁姆. 有效公共关系［M］. 汤滨，王彦，孙会良，译. 北京：中国财政经济出版，1988：24-26.

③ 斯科特·卡特里普，阿伦·森特，格伦·布鲁姆. 有效公共关系［M］. 汤滨，王彦，孙会良，译. 北京：中国财政经济出版，1988：8.

④ “public opinion”的中文翻译有很多，李普曼的中文书名是“公众舆论”，也有翻译成“公共舆论”，还有直接翻译为“民意”，大意是公众中意见一致或相近的观点。

(place)、产品(product)、促销(promotion)。[①] 在消费社会中，政治也成了商品，具有可被消费的属性，随即政治营销也相应地具有四个要素，即价格——政治人物的身价比重；销售网络——主要的宣传渠道，如电视；产品——政党或政治纲领；促销——口号、承诺、政治目标等。媒介化社会中的政治营销更加隐蔽，快餐式的政治消费品遮蔽了很多社会问题，“营销是一种非常普遍的社会活动，它不仅仅只是营销牙膏、肥皂和钢铁。政治竞选提示我们那些候选人就像香皂一样销售。”[②] 著名的营销学大师菲利普·科特勒认为，莱维教堂、公立学校甚至警察局都可被视为“商品”和“顾客”，政府可以运用各种营销工具。“选民们越来越难以捉摸，尤其是随着有线电视的普及，像C-Span这样的节目每天都对选情予以报道，选民也比以往任何时候都能更加容易地获知信息”，这是布鲁斯·纽曼对20世纪90年代美国总统选举时选民情况的判断。[③] 在当前各种自媒体快速发展的汹涌潮流中，这种仅仅以有线电视节目为呈现媒介的判断显得为时过早，但细数周遭，代表严肃刻板的官方形象的组织通过活泼亲民的方式接近公众的案例不胜枚举。

将营销要素与政治公关结合起来，如此简单比附的意义何在？为什么又要将政治公关和政治营销[④]连接在一起呢？大概是因为政治营销就是一种在竞争状态下引导大众行为的科学，它可以借助营销的实践技巧来实现公关策略，进而引导大众的社会行为。在毛瑟看来，政治营销包括两种模式：一是说服性沟通，即运用广告与人员直销；二是符合现存的行为模式，即设计容易使用的产品，并经由合适的渠道使其易于购得。[⑤] 卡瓦纳则认为，政治营销就是选举工程学，专门研究选举之前和选举期间进行公共舆论调查、设计竞选传播以及评估其影响的一整套战略和工具。[⑥] 特别是对于以美国为代表的现代竞选系统的国家来说，政治营销的后期操作完全建立在前期公共舆论的调查研

---

① E. J. McCarthy. Basic Marketing [M]. Illinois: Richard D. Irwin, 1960.

② Philip Kotler, Sidney J. Levy. Broadening the concept of Marketing [J]. Journal of Marketing, Jan. 1969.

③ 布鲁斯·埃·纽曼. 营销总统：选战中的政治营销(The Marketing of The President) [M]. 张哲馨译. 上海：上海人民出版社，2007.

④ 更多关于政治营销的观点参看Dominic Wrng. Journal of Marketing Management, 1997; Margaret Scammell, Political Studies, 1999.

⑤ 盖瑞·毛瑟. 政治营销 [M]. 王淑女，译. 中国台北：桂冠图书股份有限公司，1992.

⑥ D. Kavanagh. Election campaigning: the new marketing of politics [M]. Oxford: Blackwell Publishers, 1995. D. Kavanagh. New campaign communications: consequences for political parties [J]. Harvard International Journal of Press and Politics, 1996, 1 (3).

究上，这是直接影响传播渠道和方式的设计选择以及决定的后果。关于政治营销的概念界定还有很多，无非从两种角度进行阐述，一种将之看作手段，另一种将之视为战略关系。

公众对司法、医疗、教育、经济、税收以及贸易、环保、行动权利等深层驱动力的主张使现代民族国家的公共政策范围不断扩张，政府规模也一直增长。这里又出现了一个悖论，一方面，人们更倾向于依赖政府所施行的公共政策；另一方面，人们极力想挣脱并不能实现“完全平等、自由、正义”的规则束缚。所以，在不能从根本上打破既有秩序的前提下，社会组织所倡导的抗争行动依然十分活跃。图 5-1 告诉我们，政治制度、过程与行为同社会和经济状况、公共政策三者之间相互影响，特定的社会和经济状况决定政府制定何种制度，并实施何种公共政策，而政治主体推行公共政策的过程中，如何让自身的行为更好地适应社会和经济发展水平，则很大程度上依赖理念传播水平。

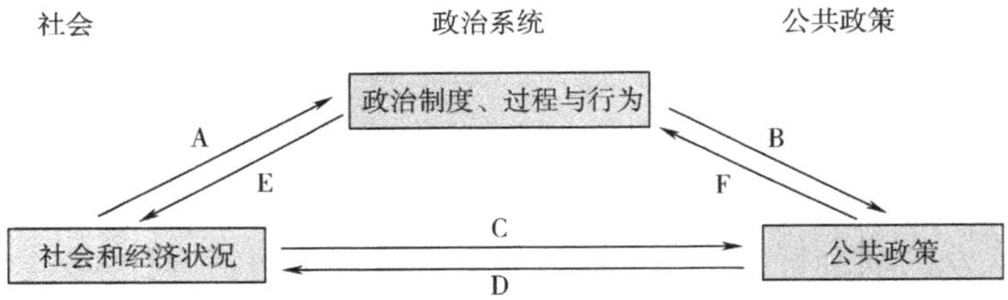


**图 5-1　公共政策的因果关系**[①]

从现代公关理论来看，新闻发布工作无疑是化解社会冲突、重构社会秩序的主要手段。19 世纪末、20 世纪初，现代公共关系业在美国出现，这一时期也正是美国阶级矛盾、劳资矛盾等各种矛盾的集中爆发期。它的出现曾为美国化解社会矛盾、重建社会秩序立下了汗马功劳。其成功之道在于，公共关系强调的是对话和责任。前者是重新调整社会利益分配、化解不同群体冲突的基本前提，而后者则是重新分配得以实现的根本保证。从历史来看，利益的多元化和在利益多元化基础上形成的利益冲突和矛盾非常普遍，这并不是一件可怕的事情。类似的现象在 20 世纪初的西方大量出现。所以，问题的关键并不在于冲突和矛盾，而在于如何建立有效的表达渠道和沟通渠道，化解矛盾。公共关系正是因此而生。新闻发布工作正是其中最为重要的有效手段，其本质是一种利益表达机制和社会对话的平台，建立制度化、科学化的利益表达机制已经成为我们今天必须面对且无法绕开的一个问题。在过去一段时间，网民经常将利益问题政治化、意识形态化，从而将一个普通的利益问题转化为一个无法就事论事的敏感性话题。仔细观察就会发现，一些网民往往将不同的利益矛盾和冲突集合为一个笼统的问题，而现实中的利益矛盾和冲突往往是具体的，如环境污染、食品安全问题等。如果利益表达和社会沟通的平台是畅通、有效的，解决矛盾的措施是有效的，这些矛盾和冲突就不会上升到体制和意识形态层面。所以，我们必须保证利益表达和社会沟通平台的畅通，并将之机制化。从这个角度来看，这个问题实在是迫在眉睫。不仅如此，我们还应正确认识新闻发布工作作为公共关系的一种主要手段在社会治理中应有的角色和地位。

## 第二节　媒体：信息发布中的“次级发布者”

新闻发布其实是政治传播范畴的活动，这种政治传播活动是国家宰制下政治目的性很强的信息传播过程，这种过程不可能是信息的自然循环，因此“媒体”永远不可能处于中心地位。[①] 作为政治传播活动的一种，不管是政府新闻发布，还是党务、军务新闻发布，都包含在政治生活中，对中国新闻发布制度的研究也不能狭隘地限定在“媒介中心论”的框架内，而要观照更高意义上的政治价值层面。荆学民认为，国家大力倡导和大量的国家公关行为研究存在“媒体中心论”的局限性，如对国家形象塑造和传播的内涵界定、国家形象传播的模型建构、国家形象的现状描述等，多数研究的结论都跟媒体有关甚至以媒体为中心，存在媒体中心主义的倾向与危险。[②] 笔者认同在政治传播研究中，媒体并不是唯一的研究对象，不可能处于研究中心，但这并不意味着媒体非研究重点。实际上，对政治传播中的新闻发布活动而言，媒体的地位无可替代。此外，一个国家的传媒政策对传媒功能发挥的制约作用不可忽视。那么，在我国新闻发布制度化建设的十余年里，媒体又发生了哪些变革呢？媒体在官方和公众之间的分量是否也随之发生了变化呢？这些变革又是否有足够的能力来推动此制度的进一步深化呢？厘清这些问题，对考察政治传播中媒介的作用至关重要。

---

① 荆学民．李海涛．政治传播效应的机理与基本内核［J］．现代传播，2014（10）：12-16.

② 详见荆学民等发表的《政治传播视野：国家形象塑造与传播中的国家理念析论》（载《现代传播》2010 年第 11 期）、《政治传播效应的机理与基本内核》（载《现代传播》2014 年第 10 期）。

## 一、传媒改革如何影响新闻发布制度化建设

媒体已经成为我们所处时代的新兴权力中心，它拥有庞大的经济力量和意识形态塑造力量，深刻地影响着大众头脑中的世界图景。[①] 这种虚拟图景的创造主体是谁呢？又是哪些人控制着图景中的元素输出呢？这就有必要了解媒体与呈现于媒体的信源。如前所述，信源主要依赖于掌握大量公共信息的政府。

如果要理解媒体和政治的关系，首先必须理解媒体在报道新闻时对消息来源的依赖，因为消息来源是新闻媒体制造自己“产品”的第一个“交换市场”。特别是在中国，80%的公共信息都掌握在政府手中，会使媒体更加依赖作为“信源”的政府。张巨岩认为，美国那种独立的媒体和政治权力之间不断冲突，媒体对政府总是监督批评的情况是少见的，因为政府几乎总是新闻媒体最重要的消息来源。[②] 这种情况的阐释并不能简单套用到中国的媒体与政治关系上，由于中西政党制度的不同，中国的新闻媒体被视为党和政府的喉舌，这种观念始于19世纪末20世纪初以梁启超为代表的一批维新派“喉舌”思想。[③] 梁启超曾在《论报馆有益于国事》中认为：“去塞求通，厥道非一，而报馆其导端也。无耳目，无喉舌，是曰废疾……上有所措置，不能喻之民，下有所苦患，不能告之君，则有喉舌而无喉舌。其有助耳目、喉舌之用，而起天下之废疾者，则报馆之为也。”就当时的舆论环境和社会条件来说，报纸还是一种新兴媒体，被鼓吹变法的维新人士当作“求通”的重要工具。中国共产党成立后，党报党刊依然是党的重要舆论宣传阵地。

随着市场经济的发展和政府政治体制改革的深入，政府职能发生了深刻转变，从注重行政的强制性到注重公共事务中管理主体的多元化。有学者依据与公共权力中心的距离，将我国公共事务中的管理主体分为六类：直接掌握公共权力处理公共事务的国家机关、执政党、政治团体、依靠法律和政府授权来处理公共事务的公共部门、在政府指导下由基层群众组成的自治组织、

---

① 张巨岩. 权力的声音——美国的媒体和战争［M］. 北京：生活·读书·新知三联书店，2004：285.

② 张巨岩. 权力的声音——美国的媒体和战争［M］. 北京：生活·读书·新知三联书店，2004：139.

③ 翁海勤.“耳目喉舌”说的历史沿革［J］. 新闻记者，2007（3）：35-36.

不依靠公共权力来处理公共事务的民间组织。① 主体范围的扩大需要更多更加灵活的渠道和手段，这种现实也使得政府更加注重公开听证、公开征集社会意见等的运用。现代公共管理学认为，在现代社会中，政府虽然是管理的核心力量，但是社会组织、利益集团、非政府组织等不同刻度划分出来的群体共同补充，构成了现代社会中的管理体系，在共同管理社会事务的过程中，媒体的社会功能日益凸显。在各种新兴媒体涌现的媒介化社会，仅以报刊作为党和政府"喉舌"的传统理念已经显得有些滞后。这些都是媒体形式的变化，归根结底只是新闻产品的载体，媒体与政治的关系最终还是新闻从业人员和公共信息的主要控制者，即从政府的关系上探究。

新闻发布制度的建立旨在沟通官方、媒体和公众之间的关系。其中，新闻发言人直接将官方的既定信息通过媒体传达给公众，进而形成舆论，新闻发言人这一中间环节至关重要，直接关系到信息是否能够"不失真"地传播出去，传播方式是否适合媒体的惯用模式，产生怎样的传播效果，等等。张巨岩曾将媒体行业和政治机构之间的人员流动称为"旋转门"②，这种角色的"无缝"流动在美国更为常见，身居美国政府要职的新闻发言人多数具有在新闻媒体工作的经历，这种资历也为其转行到新闻发言人职位后理解媒体行为奠定了基础。反观中国的新闻发布制度，作为新闻发言人的官员大多数没有新闻媒体从业经验，"集训"是中国培养新闻发言人的独特模式。目前，中国很多高校举办的"新闻发言人培训班"等短期专业培训十分普遍，培训人一般会鼓励官员主动向媒体发布真实信息，应对媒体记者的尖锐提问，本质上是让惯于刻板官方话语系统的从政者应对媒介化政治中的大众话语系统，这两种系统的转换不仅是语言层面和应对技巧层面的，更是学习如何将信息公开理念进行内化和常态化。

如果说媒介已经来到双向交流的3.0时代，那么，政府治理同样进入了3.0时代，从高音喇叭、报纸刊物的单向宣讲，变成了新闻单向发布——网络留言——社交化的双向互动。官方如果没有必要的媒介素养，没有回应公众关切的能力，只知打压甚至封堵，无疑会使"沟通"没有了"通"，只剩下

① 叶皓. 从被动应付走向积极应对——试论当今政府和媒体关系的变化［J］. 南京大学学报（哲学·人文科学·社会科学部），2008（1）：46-54.

② 张巨岩. 权力的声音——美国的媒体和战争［M］. 北京：生活·读书·新知三联书店，2004：179.

一条无法跨越的“沟”。[①] 这不仅会阻碍社会矛盾的解决或缓解，更不符合现代政治系统中注重信息交流的趋势。

### （一）中国传媒功能定位

传播学的结构功能学派认为大众传播媒介具有多重社会功能。拉斯韦尔在《传播的社会结构与功能》一文中明确提出传播监测社会环境、协调社会关系、社会传承的三大社会功能；同年，拉扎斯菲尔德在《大众传播的社会作用》中提出，传播具有地位授予、促进社会准则实行、麻醉三种功能。此后，赖特在《大众传播：功能的探讨》一书中又补充了娱乐功能。传播学的集大成者施拉姆在其经典著作《传播学概论》中将传播功能进行了一次大总结，并在《大众传播媒介与社会发展》中多处强调，不管是在传统的部落社会，还是在现代文明社会，大众传播媒介的三大基本功能始终不曾改变：看守人的告知功能；决策功能；教育功能。[②] 不管大众传播媒介的功能表述如何不同，但话语背后的实质并没有根本区别，不同功能之间也是相互渗透的，如麻醉功能和人们沉迷于游戏、肥皂剧、综艺等娱乐节目中的社会效果并无二致。

在为国家发展服务时，大众传播媒介是社会变革的代言者，它们能够帮助完成向新的风俗行为、新的社会关系的过渡。在这一类行为变革的背后，必定存在观念、信仰、技术及社会规范的实质性变化。[③] 进入 2000 年以来，中国的传媒改革总体而言注重产业层面取向，并且传媒经济功能释放是作为“增量”改革的方式体现出来的，由于集中释放了媒体的经济功能，其他功能遭到了一定程度的挤压。[④] 对中国媒体的社会功能来说，可以借鉴西方传播学的研究成果，但是不能照搬，中国党管媒体的具体国情也决定了我国的媒体表现。传媒在中国向来不是简单地只有信息传播的功能，较之于西方发达国家传播学者总结的传媒功能而言，媒体的政治动员功能应该放在第一位，这也是传媒改革不可突破也不能突破的底线，“树立大宣传的工作理念，动员各条战线各个部门一起来做，把宣传思想工作同各个领域的行政管理、行业管

① 评论部. 媒介素养体现执政水平 [N]. 人民日报，2011-6-16 (23).

② 威尔伯·施拉姆. 大众传播媒介与社会发展 [M]. 金燕宁，等，译. 北京：华夏出版社，1990：132-134.

③ 威尔伯·施拉姆. 大众传播媒介与社会发展 [M]. 金燕宁，等，译. 北京：华夏出版社，1990：122.

④ 张涛甫. 从传媒改革的视角看中国改革 [J]. 探索与争鸣，2007 (6)：26-27.

理、社会管理更加紧密地结合起来”①。在某种意义上，中国的新闻媒体从来不是仅从信息传播角度出发，而是执政者进行社会整合、协调行动、思想动员的工具。然而，脱胎于20世纪90年代的市场化媒体的成长开创了另外一种可能性，虽然允许市场化媒体存在的初衷是考虑到经济因素，但是客观上推动了民主政治进程，“从历史的长河看，市场化媒体对执政党、对政府转型是非常有帮助的”。显然，如今包括都市报类的主流市场化媒体都是从边缘地带起家，市场化媒体带动的是整个社会运动，甚至是公民社会的快速推进。②因此，为中国传媒功能定位的时候，不能简单地归结于“党管媒体”的政治结构，而要进一步区分媒体改革后计划体制下的“上半身”和市场经济下的“下半身”给其带来的影响。

### （二）“事业+企业”：中国传媒改革离不开的框架

社会学家将1949—1976年的中国社会称为“总体性社会”，概言之，就是国家对经济以及各种社会资源实行全面控制。③ 在国家与社会不分的格局下，对意识形态性极强的舆论宣传而言，选择“舆论一律”的宣传原则显得顺理成章。

中国共产党执政早期格外重视思想宣传工作，局限于当时的媒介发展环境，公众能够接触到的最常见的宣传载体就是报纸，国家各项方针政策正是通过权威性的党报下达指令，“党报正是反映党的一切政策，今后地方党部必须根据党报杂志上重要负责同志的论文，当作是党的政策和党的工作方针来研究”④。官方文件还十分具体地列举何种文章能够充当这种“指导”任务，其中就包括“新华报”社论；“新华”、《解放》、《群众》上中央政治局负责同志的文章等，并且要保证整个通讯社及报社的新闻政策及社论方针能够被各分局注意并掌握，以使宣传完全符合党的政策。⑤ 将媒体和宣传工作视为党管理国家的一个强有力的工具多次出现在思想宣传工作文献中，“媒体和宣传

---

① 徐京跃，华春雨. 意识形态工作极端重要 [EB/OL]. http：//news. ifeng. com/mainland/special/yishixingtai/content-3/detail_ 2013_ 08/20/28828185_ 0. shtml.

② 笑蜀. 中国市场化媒体的光荣与险阻 [J]. 南风窗，2009（24）：18-20.

③ 孙立平，等. 中国社会结构转型的中近期趋势与隐患 [J]. 战略与管理，1998（5）.

④ 中共中央宣传部办公厅，中央档案馆编研部. 中国共产党宣传工作文献选编（1937—1949）[M]. 北京：学习出版社，1996.

⑤ 中共中央宣传部办公厅，中央档案馆编研部. 中国共产党宣传工作文献选编（1937—1949）[M]. 北京：学习出版社，1996：460.

工作是牢牢把握在共产党的手中，媒体是党的工具”[①]，如此，“媒体工具论”便成为丰富执政党执政资源的重要理念沿袭下来。1946年9月1日，胡乔木在《解放日报》上发表《人人要学会写新闻》一文，直言不讳地宣称：“新闻是今天最主要、最有效的宣传形式。我们生在新闻的时代，看着这大好机会，决不能白白放过。”[②] 他还认为，执政党习惯于经常发表有形的意见，但是还要学会利用新闻这种无形的意见。改革开放颠覆了人们在计划经济框架下看待传媒的视角，社会主义国家开始尝试的市场经济为传媒改革打开了一扇通向传媒现代化的窗口。1978年，财政部批准《人民日报》等几家报纸实行企业化管理的尝试奠定了此后中国传媒改革“事业单位、企业化管理”的基调（胡泳，2014）。进入20世纪80年代，改革力度和热情呈高扬态势。孙立平认为，其根本原因在于此时的改革既源于现实的危机，也为走向一个新社会的理想所激发，体制的变革极大地推动了社会结构的转型，新的社会力量和组合关系都处于形成中。而在整个20世纪90年代，体制和社会结构的因果关系开始发生根本性的变化，在体制的变革仍在继续进行的同时，新形成的社会力量及其组合关系已经逐步定型下来了。[③]

延续改革开放之初传媒改革的逻辑，“事业单位、企业化管理”曾解决了传媒改革如何策略启动的动力机制问题。但是进入21世纪，这一制度设计已经严重束缚了传媒业的发展，一度在2005年形成所谓“政府与市场双双失灵”的困厄局面（胡春阳，2009）。胡春阳认为，传媒单位转企改制的真正目的在于：在传媒公共服务体系之外的市场空间内，建立起“产权清晰、权责明确、政企分开、管理科学”的现代企业制度。[④] 这种改革思路始终将市场化视为企业制度走向现代化的必由之路，进而实现效率的最大化，在此过程中，关键在于市场能否取得独立的地位。2013年10月28日，由解放日报报业集团与文汇新民联合报业集团合并重组的上海报业集团（Shanghai United Media Group）正式成立，这意味着新一轮传媒改革正在掀起。与多数研究中国传媒改革的学者看待新一轮改革观点相左的是胡泳，他认为“此次改革凸显集团

---

① 中共中央宣传部办公厅，中央档案馆编研部. 中国共产党宣传工作文献选编（1937—1949）[M]. 北京：学习出版社，1996：701.

② 中共中央宣传部办公厅，中央档案馆编研部. 中国共产党宣传工作文献选编（1937—1949）[M]. 北京：学习出版社，1996：634.

③ 孙立平. 博弈：断裂社会的利益冲突与和谐 [M]. 北京：社会科学文献出版社，2006：5.

④ 朱春阳，曾倍伦. 大事件与大智慧：考验中国传媒改革30年 [J]. 新闻大学，2009（2）：132-137.

组建逻辑的政治性而不是经济性，逆市场化痕迹明显”[①]，其原因离不开上海市财政局给解放日报社、文汇报社每年各5000万元的财政补助，加之上海市宣传文化专项资金对新媒体业务和外宣业务等的支持，这种改革步伐将使三足鼎立的“党报党刊—都市类媒体—网络媒体”局面难以维持，党报党刊将利用政治优势独占鳌头，网络媒体可以依赖自身技术带来的解放功能和与普罗大众生活发生的契合大有作为，只有都市类市场化媒体“在上挤下逼的狭窄空间内，呈现全局溃败之势，中国市场化媒体的黄金时代已经过去”（胡泳，2014）。

总体而言，中国传媒改革是在“事业单位，企业化管理”的框架内进行的。党的十六大对文化事业和文化产业的两分法在此后的多份官方文件中出现，其中，2011年党的十七届六中全会通过的《关于深化文化体制改革的决定》就进一步对事业和产业的各自功能和改革重点进行了区分。改革向来是利益关系调整的过程，改革红利带来传媒内部的既得利益群形成，这些群体得益于党和政府的政策庇护，在思维和行动上都会阻碍传媒对“存量”部分的改革力度，改革所促成的传媒格局裂变在深层影响着新闻发布制度化进程。

## 二、新媒体在舆论场中的“鲶鱼效应”

1987年9月14日，一封标题为“越过长城，走向世界”的电子邮件从中国第一个国际互联网电子邮件节点发往德国。1994年4月20日，中国第一条连入互联网的64K国际专线开通，实现了与互联网的全功能连接，这一天在中国互联网发展史上具有里程碑意义。[②] 经过20多年的发展，中国互联网已经成为国际互联网最大的组成部分，互联网的发展重点已经从技术手段转向传播方式。在政治与公共事务方面，互联网加快了政府信息化过程，提高了服务速度与质量，完善了公共关系管理，推进了社会言论的开放与民主法治化进程。互联网对当代中国的影响之深刻、范围之广泛为世界所瞩目。2014年是互联网诞生25周年，同年，在中国浙江乌镇举办的首届世界互联网大会引发的讨论持续发酵。究竟互联网在何种程度上改变了中国传统的政治与公共事务？官方和媒体的“秘密议程”为什么不能继续保持神秘？政府对信息

① 吴信训，喻国明，胡泳．从上海报业新动向看中国传媒业转型与政媒关系［J］．国际新闻界，2014（2）：58-68．

② 胡启恒．2014：互联网创世纪元年［J］．知识就是力量，2014（4）．

的垄断地位如何被打破？国家层面对互联网的管控怎样影响信息传播的深度和广度？这些问题的产生和探究正是互联网对中国政治传播生态带来的“鲶鱼效应”所引发的。

中国互联网网民规模在2005年6月首次过亿，并于3年后以2.53亿的网民用户首次超过美国，成为用户量世界第一的互联网大国。虽然近些年增长缓慢，但是中国是世界上网民绝对数最多的国家毋庸置疑，这种客观现实也给管理者带来了很大的挑战。网民是一个庞大群体，相较于传统媒体，很多公共议程会在网络上首先受到网民的积极讨论，或争议，或质疑。从2003年孙志刚事件到夏俊峰案，再到8年被判处4次死刑的福建念斌案、复旦投毒案，以及以毒跑道事件、红黄蓝为代表的涉及学校安全的系列事件，这些典型司法案件都在网络上引起了全社会的广泛关注，除了情绪发泄、非理性表达之外，也不乏具有真知灼见的理性认识。很多中外学者都认同这样的观点：互联网正在促进中国社会的民主化发展①，“互联网的兴起不仅引发人们调整其社会交往和关联的形态，而且也可能影响人们参与公共生活的程度和方式”②。现代传播方式所释放的力量可以迅速将指导性策略和技术性概念传达给大量合作中心，并获得迅速的反馈和高效的讨论，这意味着我们已经开启了政治进程的新天地。现在，公共舆论中的思想和言说效力远胜于任何个体名人表达，也超越了局部利益诉求。这种共同的计划和公开化的传播可以被记录和留存，以对抗曲解和背叛；可以被稳定、广泛地阐释和扩展，而无须担心任何个人、地方和群体的误解。③ 互联网为国家和社会真正地进行对话提供了平台。在计划经济时代，甚至改革开放后的一段时间内，国家和社会始终是铁板一块，没有公共空间或者平台为两者之间的对话提供机会，而互联网让“国家和社会在这个平台上竞逐权力，更重要的是，在某些场域，互联网对国家和社会都进行赋权，而在另外一些场域，只对其中一个进行赋权，尤其是物联网这样的信息技术对国家和社会来说都是一个有效的工具；对社会群体而言，它是组织集体行动的一个工具；对国家而言，它是管理和控制

① Ball-Rokeach, S. J., Kim, Y. C., Matei, S. Storytelling neighborhood: paths to belonging in diverse urban environments [J]. Communication Research, 2001 (28), 392-428.

② 潘忠党. 互联网使用和公民参与——地域和群体之间的差异以及其中的普遍性 [J]. 新闻大学, 2014 (6): 43-53.

③ 伯内斯. 宣传 [M]. 胡百精, 董晨宇, 译. 北京: 中国传媒大学出版社. 2013: 38.

社会群体互联网行为的一个工具”①。互联网所提供的互动平台不仅停留在虚拟世界，更孕育着更大的现实可能性，“互动”行为本身就蕴含着以对方为参照审视自身的行动。互联网的政治参与对中国的政治改革起到了很大的推动作用。

目前，依然有将媒体划分为主流和非主流两大类属的看法，即一般将党报、国家通讯社、国家电视台组成官方舆论场的媒体平台称为主流，而将都市报及互联网构成的民间舆论场视为“非主流”，这两股潮流的交锋让主次边界变得模糊，有时甚至交融到难以区分，也让区分“主流媒体”与“非主流媒体”的讨论变成了一个伪命题。2008 年 5 月 22 日，国务院新闻办公室网络局副局长彭波在“2008 年新媒体高峰论坛”上表示，对“3・12”事件与汶川地震的报道，标志着网络媒体正成为中国社会的主流媒体。② 例如，每当重大突发事件或其他灾难性事件发生后，腾讯、搜狐、新浪等商业网站往往在头条进行重点报道，并努力参与到灾民营救、灾后重建等方面。

信息公开具备现实可行性得益于互联网的三个特点。首先是平等。信息传播中，传统媒体所要求的专业性、职业性在网络空间内都被抹平，“全民皆记者”的说法或许夸大，但并非毫无根据。截至 2018 年 12 月底，中国拥有 8.17 亿手机用户，相当于如此多的公众人人拥有一台移动媒体。喻国明认为：“互联网对于今天中国的传媒领域而言，已然从传播领域的底层设计上改变着传媒运营和传播影响力实现的基本法则。”③ 其次是互联网所具有的聚合作用。这让六度分隔理论（“世界上所有互不相识的人只需要很少中间人就能够建立起联系”）的假设面临重新思考，互联网的聚合作用将相关信息关联起来并彼此相通，省去了不必要的环节，虚拟世界中的各种社交圈正是这种聚合逻辑下的产物。这种聚合作用不仅使人际交往变得更加容易，也使人们可以在海量信息筛选基础上从事更优资源配置工作，解放了付出不必要劳动的人们。最后是互联网所具有的开放功能。开放不仅使媒体自身的市场要素为寻求利益最大化而进行自由选择，也使当下媒介内容生产模式发生颠覆，互联网世

---

① 郑永年. 技术赋权：中国的互联网、国家与社会［M］. 邱道隆，译. 北京：东方出版社，2013：22.

② 朱春阳，曾倍伦. 大事件与大智慧：考验中国传媒改革 30 年［J］. 新闻大学，2009（2）：132-137.

③ 吴信训，喻国明，胡泳. 从上海报业新动向看中国传媒业转型与政媒关系［J］. 国际新闻界，2014（2）：58-68.

界的用户内容生产（User Generated Content，UGC）模式就是展现其开放功能的缩影之一。也有学者在关注互联网的开放功能时强调传媒改革的互联网逻辑，并认为“自我的开放传媒改革要善于在产业整合和市场协同中利用别人的资源和品牌、渠道去做传播和社会服务”①。

经过20多年的发展，中国互联网基础设施的规模和基本建制都已铺开，其“硬件”已成为可以展示的“科技进步”。然而，人们往往忽视了某些问题。比如，在互联网成为社会生活基础设施的过程中，对其使用的程度、范围和技能可能反映并且强化着已有的结构性的社会不平等。② 还有不少学者试图通过量化的研究方法考察我国公民的政治参与（Zhong，2004），以及互联网在我国推进民主进程中的潜在作用（Lei，2010；Shen et al.，2009）。此外，2012年，潘忠党针对中国31个省、市、自治区开展了问卷调查，通过涉及公民参与的四个指标（关于公共事务的知识、意见表达的行为、自愿社群组织及其活动的参与、地方选举中投票）来进一步检验互联网的作用。研究结果显示，虽然互联网使用对公民参与有统计上稳定的正面影响，但现实情况绝非如此简单和乐观，因为除了那些可测量的指标外，很多因素是无法量化的。比如，潘忠党所关注的影响平均参与水平低和参与程度不均等的现实元素，以及由于研究者本身所拥有的资源有限或能力不足而难以得到所有验证结论的证据。“在任何特定时刻，互联网使用的影响是统计上显著的，却在社会、文化和政治上是微弱的，它对我国民主化的影响，有赖于它持续地开放、发挥作用。”③

21世纪初，多数政府网站的信息公布还属于布告牌性质，与传统媒体的宣传相比，信息传播方式的改变并未改变单向传播的本质。对我国而言，对信息化的考察偏重于硬件，而很少从人的媒介素养来考察。中国科学院院士胡启恒早在2001年就认为，“要想使生产效率以及政府效率提高，并不只是

---

① 吴信训，喻国明，胡泳．从上海报业新动向看中国传媒业转型与政媒关系［J］．国际新闻界，2014（2）：58-68.

② K. Barillai-Nahon. Gaps and bits：Conceptualizing measurements for digital divide/s. The Information Society，22，269 - 278. DOI：10.1080/01972240600903953. 2006. Mossberger，K.，Tolbert，C. J.，&Stanbury，M. Virtual inequality Beyond the digital divide. Washington，D. C.：Georgetown University Press，2003.

③ 潘忠党．互联网使用和公民参与——地域和群体之间的差异以及其中的普遍性［J］．新闻大学，2014（6）：43-53.

设备和软件以及系统设计的先进，更重要的是管理制度和方法需要进行相应变革"[①]。2014 年，胡启恒对我国的政府信息化程度依旧持悲观态度，认为"很多是花架子，都数字化了，但是保持着原来所有的流程不变"[②]。这种情况曾在"非典"时期让"人们对网上办公刮目相看"，因为"非典"影响了人们日常的面对面接触，网上办公成为政府、媒体和公众交流的重要手段，电子邮件采访、网络公告等信息传播交流形式大量出现。2014 年 8 月 18 日，中央全面深化改革领导小组第四次会议审议通过了《关于推进传统媒体和新兴媒体融合发展的指导意见》，推动传统媒体和新媒体融合的工作正式提上社会经济发展日程。推动互联网成为新型主流媒体、打造现代传播体系，曾经搅动舆论格局的"他者"逐渐被收编，成为中国舆论多元化、规模化、正规化发展新的驱动力。

此外，随着互联网在中国的迅猛发展，政府在其中也发挥了主导作用。政府不仅利用互联网完成了办公信息化，也给不断增长的庞大网络用户提供了公共空间来参与政治生活和公共治理。例如，中国互联网络信息中心（CNNIC）每年两次的统计报告是由工业和信息化部电信管理局和国家互联网信息办公室要求相关部门必须配合完成的统计调查。鲶鱼在搅动沙丁鱼生存环境的同时，也刺激了后者保持生机的能力。中国的传媒在国家控制和传媒解放两者之间存在一种张力，互联网为传统主流媒体独占舆论天下的中国传媒局面撕开一个口子。

## 三、谁是新闻发布活动中的真正把关人

把关人理论是大众传播领域最重要的理论之一，心理学家库尔特·勒温（Kurt Lewin）针对第二次世界大战后期的社会变化首先提出了此理论[③]，后来被传播学家怀特（David Manning White）引入传播领域，用来研究通讯社中的编辑们如何编排日常新闻报道。[④] 大众传播中的把关可以被看作通过新闻媒体

---

① 胡启恒. 互联网在我国的发展、机遇与挑战［C］//中国科协2000年学术年会特邀报告文集. 2000.

② 胡启恒. 信息化引发的社会变革［N］. 企业家日报，2014-6-7（W01）.

③ Kurt Lewin. Frontiers in group dynamics：concept，method and reality in science；social equilibria and social change［J］. Human Relations 1，1947（6）. Kurt Lewin. Frontiers in group dynamics 2：channels of group life，social planning and action research［J］. Human Relations 1，1947（11）. Kurt Lewin. Field theory in social science：selected theoretical papers［M］. NY：Harper，1951.

④ David Manning White. The "Gate Keeper"：A Case Study in the Selection of News［J］. Journalism Quarterly 27（fall 1950）.

传播的社会现实建构的整个过程①，通过这一把关机制，大量潜在的信息可以被选择、形成并最终作为“新闻”传播出去。新闻发布活动也是这样一种过程：发布主体基于某种动机，通过多样化的媒体渠道传播某些议题，在此过程中存在多种把关行为。之所以是某种动机，是因为这种动机或者基于国家重大活动、政策部署需要的阐释解读，或是考虑到对社会事件的反馈回应，或是廓清舆论中存在的误解和质疑，或是为了塑造政党、政府乃至国家的形象要求等。

新闻发布制度离不开媒介化思维，这种思维要求用“媒介逻辑”来理解大众传播媒体是如何渗透并影响社会和日常文化的。这一概念在传播学界早已不陌生，欧美学者在20世纪70年代后期就涉及这个概念。② 新闻发布活动中的媒介化思维并不意味着要将媒体置于中心，而是要将新闻信息传播链条尽可能地延伸。新闻发布中的把关人首先是发布主体，我国一向强调“牢牢把握舆论导向，正确引导社会舆论”，“坚持党管媒体的原则”，注重媒体监管。2006年印发的《互联网站管理协调工作方案》规定，中宣部、信息产业部、国新办、文化部、广电总局、新闻出版总署等16个部委联合对网络进行“齐抓共管”，十个专项内容主管部门负责对互联网内容的监管，称为“十龙治水”③。同样，进入传播渠道进而“广而告之”公众的新闻信息首先须经过第一层把关人——发布主体的筛选，然后经过媒体的审核，最后再传播给受众。受众并不是传播的终点，而是一个弱循环过程。

本书将一般意义上的新闻发布活动分为A、B、C、D四个阶段（见图5-2）。在发布主体（此处指广义上的发言人，不仅包括发布现场的新闻发言人，也包括担任其他职务但是直接应对媒体的发言人和网络新闻发言人）公开既定信息之前（A阶段），需要经过发言人团队的前期舆情监测及研判，以及策划最适合的发布议题。如前所述，新闻发言人制度从来不是“一个人”的制度，而是关于整套制度和专业团队支持的机制，在发布主体正式登上发布台之前，需要专业智库和内部团队的沟通讨论。此外，还有两个因素影响发布：其一，是否得到上级授权，这也是当前我国新闻发布制度出现“越权”发布和不发

① Pamela J. Shoemaker, Martin Eichholz, Eunyi Kim, Brenda Wrigley. Journalism & Mass Communication Quarterly [J]. Individual and routine forces in gatekeeping. Summer2001, Vol. 78 Issue 2.

② H. Jaevard S. The mediatization of society: A theory of the media as agents of social and cultural change [J]. Nordicom Review, 2008 (2).

③ 任军庆. 互联网视听节目监管模式研究 [J]. 视听界, 2007 (9): 73-74.

布两个极端现象的主要原因；其二，发布时机是否适当也需要发言人所在单位进行审核。B 阶段关乎直接面对媒体和公众的发言人自身。政治学研究和公共政策研究中理性主义流派往往将政府决策和制度视为执政层的理性行为，这种看法排除了存在于个人身上的复杂的、难以明确测量的其他因素，如心理状态、社会情绪、个人智识水平等。然后到了最为常见的 C 阶段，这是传播学领域分析媒体内部的新闻把关行为的主要环节。社会新奇现象和事实每天不计其数，但这些信息并非都可以成为新闻，采写新闻之前的成本考虑、记者自身的采写水平以及编辑的个人偏好，都会影响新闻发布的传播效果，当然也不能忽视媒体外部因素，这里暂且不论。在 D 阶段，公众接收到的是层层过滤的发布议题，他们可以将态度、意见甚至行为通过相应渠道进行反馈，进而为发布团队调整策略提供支持。

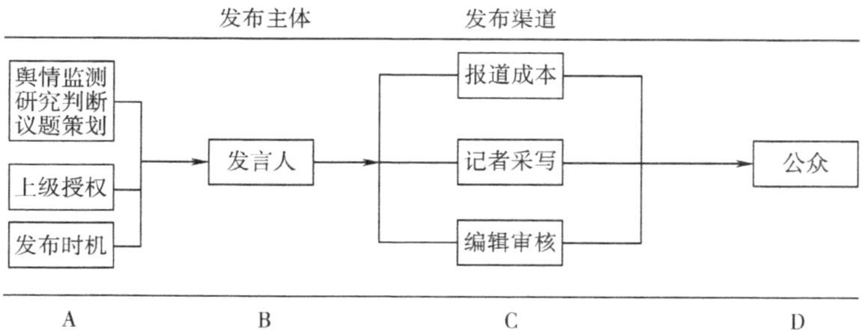


**图 5-2　新闻发布活动把关行为机制**

1941 年 5 月 25 日，中央书记处发布的《中央关于统一各根据地内对外宣传的批示》规定："凡牵涉到全国性意义的重要政治事变，任何中央局、中央分局、省委、区党委负责同志及任何军事首长，在中央未指示前，不得公开发言，以保障全党意见与步调的一致。"① 这一宣传思想也影响了当今的新闻宣传工作。经历社会全面转型的中国，新闻发布制度化也需要在媒介改革中完成，社会各个层面之间的信息需求和公众的表达诉求都呈井喷态势，执政层与民众之间的信息链更加有赖于一系列中间环节的桥梁作用。如果能够通过多元渠道进行传播，信息将更加自由地流动，并被更加准确、有效地加以利用。

施拉姆常把媒介的发展水平视为衡量社会发展水平的重要指标，认为信

① 中共中央宣传部办公厅，中央档案馆编研部．中国共产党宣传工作文献选编（1937—1949）［M］．北京：学习出版社，1996：236.

息流动的速度能够表明社会整体的发展层次。他还将信息传播比作温度控制器①，传播可以通过提供解释、给予奖励、加速发展等方式，让公众和领导者都能听到，从而使社会温度下降。这一过程无疑彰显了作为信息公开发布渠道的媒体的地位和作用。

## 第三节　公众："政治参与"的变迁

不管在媒体报道中还是在研究报告抑或是学术文献中，关于"公众"的字眼并不少见，如"公众认为""公共舆论表明"。那么，能够代表公众和公共舆论说话的主体又是谁？他们是一个客观存在的群体吗？还是抽象出来的一种观点？其实，舆论和公共舆论在汉语中是重复使用的词汇，舆论就暗含着公众的意思，并不是单个个体的意见，而是包含众多人的意见和观点。但到底谁是"公众"？"公众"="受众"吗？"公众"与公民有什么关系？"公众"究竟是单数还是复数？不同社会情境中指称的"公众"含义有何共同点？新闻发布的目标"公众"又有什么特点？卢梭是第一个使用"公共舆论"这一概念的。公共舆论这一概念的特征至少隐含着一种集体性，一种超自然的存在，是被"唤醒的"，能够提出要求并有自己的判断，就像仁慈的牛头人身怪兽。即使不从拟人化的角度去看，也必须承认在公共舆论中卷入的是众多的个人，这意味着在个人的思考和交往中出现的结果是一种超越任何参与者个人观点的精神力量。② 厘清中国公众的结构性变迁，特别是近十年来的变化，有助于了解新闻发布制度的真正效果和价值所在，毕竟新闻发布活动的展开不仅是一项政策解读或者宣传推广，更包含现代民主政治制度的大众路径。同时，研究反馈是为了使有关受众以及媒介效果的信息向媒介的节目与政策官员和国家领导人流通。③ 因此，观照结构变迁视野中的社会公众是研究新闻发布制度意义的关键环节。

在国家和社会不分的语境下，公众的地位也不是特别突出，这时的公众很大程度上等同于公民，关键是当两者逐渐区分开来，并且具备各自的"负

---

① 威尔伯·施拉姆. 大众传播媒介与社会发展［M］. 金燕宁等，译. 北京：华夏出版社，1990：39.

② F. H. 艾尔泼特. 公共舆论的科学［J］. 公共舆论，1937，1（1）：7-23. 杜鲁门. 政治过程——政治利益与公共舆论［M］. 陈尧，译. 天津：天津人民出版社，2005：233-235.

③ 威尔伯·施拉姆. 大众传播媒介与社会发展［M］. 金燕宁，等，译. 北京：华夏出版社，1990：189.

责”范围时，用来提供给公民自由讨论的“公共领域”就出现了，这也是西方资产阶级逻辑下公共舆论诞生的路径。国家是一个具有强迫性的强制组织，而社会则由各种不同的社团、机构和关系组成。在现代社会，属于国家的社会责任和属于社会的责任之间的关系始终处于不断的变化之中。[①] 由于政治、经济、社会等多方面力量的博弈，出现“大政府，小社会”或“小政府，大社会”的现实写照并不稀奇。特别对发展中国家而言，适度的信息流动对连接国家和社会的桥梁作用不可或缺，施拉姆“主张积极引导社会底层进入决策，并使他们有机会全面而有效地参与社会现代化过程，建设国家，改善命运”[②]，毕竟在建设现代民族国家的过程中，单靠政府的力量不大可能，也不太现实。

乌尔里希·贝克论述现代化过程的“风险理论”[③] 可谓经典。他认为，未知的、不确定性的风险超越国界存在，成为带有一种新型社会和政治动力的非阶级化全球性风险，而这仅仅是当前风险社会中的一个侧面。全球化时代下的风险包括方方面面，然而在社会民主化的道路上，有一个似乎难以逾越的沟壑——参与危机，即参与的需求总是产生于社会矛盾和社会冲突多而严重的时期。这推动了公众权利意识的觉醒，解释了为什么在社会转型时期突发公共事件、群体性事件等让政府棘手的事件层出不穷。从执政层面看来，“如果不开启参与的大门，社会矛盾得不到解决且日积月累从而酝酿出更严重的危机。”（孙立平，2006）与此同时却隐藏着一个悖论，如果开启这扇大门，以诸多社会矛盾为基础的参与行动往往会以不可控的方式和力度冲击试图为它提供空间的体制，毕竟参与的程度和范围并没有适合的手段或者工具进行准确测量，参与后果严重者甚至会造成社会的动荡。[④] 学界普遍认为，改革就是一个利益和资源重新分配的过程，在这一过程中，利益各方都有表达和争取自身利益的权利，特别是对处于政治弱势的一方来说，甚至有“解放”的政治意蕴。

美国 20 世纪 40 年代的主流传播理论深深影响了中国新闻传播学的研究取向，影响之一就是“媒介效果论”[⑤]。“媒介效果论”的主要观点是：不管

---

① 格罗斯. 公民和国家：公民、部落和族属身份［M］. 王建娥，等，译. 北京：新华出版社，2003：29.

② 威尔伯·施拉姆. 大众传播媒介与社会发展［M］. 金燕宁，等，译. 北京：华夏出版社，1990：38.

③ 贝克. 风险社会［M］. 何博闻，译. 南京：译林出版社，2004：7.

④ 孙立平. 博弈：断裂社会的利益冲突与和谐［M］. 北京：社会科学文献出版社，2006：221.

⑤ Shearon A. Lowery，Melvin L. DeFleur. 大众传播效果研究的里程碑［M］. 3 版. 北京：中国人民大学出版社，2009. 詹宁斯·布莱恩特，苏珊·汤普森. 传播效果概论［M］. 北京：北京广播学院出版社，2006.

大小，新闻媒体总是有效果的，并且这些效果借助一定的手段可以被测量出来。正如荆学民教授所言，政治传播不同于一般的传播，因为前者具有比较明确的政治意图或政治目的，所以，要研究政治传播的最终“效应”①，必须超越一般传播效果研究以媒介为中心的偏向，需要回到政治活动本身。② 研究新闻发布的目标公众不得不观照政治学中一个热门但理解却不尽相同的词汇——“利益集团”。美国总统麦迪逊说：“利益集团是为某种共同的感情或利益所驱使而联合起来的一定数量的公民。”利益集团是一个关于人们如何表达利益的西方政治学概念，它是这样一种社会组织：具有某种程度上的政治自主性（对政府和政党而言），它存在的目的是影响政府或政策，却不像政党那样以推翻或控制政府为主要目的。③ 利益集团可以直接与政策打交道，当然，更可以通过大众传媒影响政策。西方政治学框架下的“利益集团”理论并不能直接应用于中国的实际情况。在我国，因利益相近而形成共同体的“利益集团”称为“利益群体”，由于我国处于政治、经济、文化全面转型时期，不同群体的利益冲突加剧并凸显，这样的“利益群体”并不会像西方国家那样作为和政府一起争夺公众眼球的“传播者”，而是作为“公众”的一部分，甚至在中国转型的关键时期，这些“利益群体”仍是受众。

无论哪个国家，只有它的人民从心理、态度和行为上都能与各种现代形式的经济发展同步前进、相互配合，这个国家的现代化才能够真正得以实现。④ 因此，在研究我国新闻发布制度现代化建设时，始终关注制度化中的人本身的进步和智识程度的提升具有重大意义。

## 一、“发现”公民身份⑤

在《中华人民共和国宪法》中，“公民”一词前后出现了 51 次。例如，第 34 条规定：“中华人民共和国年满十八周岁的公民，不分民族、种族、性别、职业、家庭出身、宗教信仰、教育程度、财产状况、居住期限，都有选

① 荆学民特意区分了“效果”和“效应”。“效果”是指一般意义上信息传播所起到的作用；而“效应”则着重指在政治传播的“意图和目的”下，对“效果”的进一步规定和评价。

② 荆学民，李海涛. 政治传播效应的机理与基本内核［J］. 现代传播，2014（10）：12-16.

③ 田为民，张桂林. 比较政治制度［M］. 北京：新华出版社，2004：44-48.

④ 阿历克斯·英格尔斯，等. 人的现代化［M］. 殷陆君，译. 成都：四川人民出版社，1985：6.

⑤ 关于“公民身份”的讨论同样不能忽视全球主义者的声音，他们的普遍观点是：随着全球化的到来、世界市场的壮大和跨国公司的扩散等因素，模糊了公民身份在现代性时代存留下来的物理和心理疆域的边界。

举权和被选举权；但是依照法律被剥夺政治权利的人除外。”第 79 条规定：“……有选举权和被选举权的年满四十五周岁的中华人民共和国公民可以被选为中华人民共和国主席、副主席。……”作为我国法律体系结构中的最高层级，《宪法》对“公民”的表述不仅是界定公民权利和义务的相应规范，也是一种身份合法性的权威背书。然而，这种身份的取得是一劳永逸的吗？公民身份产生的政治背景和社会背景是什么？公民身份的内容是什么？公民身份的承认与否对推动新闻发布制度化建设有什么作用？

公民身份是动态的，在社会发展的不同阶段，总会出现具有特定社会特征的公民。“作为有创造性的行动者，公民总是能够找到表达其公民身份的新方式，为了表明公民与共同体之间持续变动的需要和渴望，有必要建构出新的权利、义务和制度。公民身份理念内在地充满着争议和偶然，总是反映了特定社会独特的关系组合和治理类型”①。从管理进阶到治理，执政理念的文字表述并不能将现代政治的精髓展露无遗，不论如何，治理是一种内在的人类需要，它旨在创造和维持一种能够分配物质和文化资源的社会秩序。② 治理精神下的公民身份要求与之相适应的政治体现协商、妥协、公共外交、权力分享等方法和技艺，通过这些方法和技艺等和平、理性化的解决方式，治理所遇到的问题可以以非暴力的方式得到解决。此外，公民身份的内在逻辑是一种平等主义的追求，这种逻辑要求它所带来的各种利益必须得到更加普遍和平等的分配，并且因为公民身份概念在现代政治生活中得到越来越广泛的普及和传播，政治精英意欲汲取传统压制的手段将不再为具有现代意识的公民所能容忍。“公民身份如果具有某种实质含义的话，那就是任何专断的做法都不符合公民身份的要求：必须依据客观、透明的标准来对待公民。”③ 公民身份的发现不仅停留在抽象的理论或者文字层面，而且在 2003 年以来多起现实案例中得到了印证。

特别是在政治传播框架内，从来不应该缺少公民的在场。其实，“公民”也是一个舶来词，是由西方社会中的“市民”演化而来的，该词在中西语境中大为迥异。例如，英国的公民社会是在自由和权利与权力的对抗中自然生长起来的，其形成和发展都经历了漫长的历史时期，作为主体的公民以强烈

---

① 福克斯. 公民身份 [M]. 郭忠华，译. 长春：吉林出版集团有限责任公司，2009.

② 福克斯. 公民身份 [M]. 郭忠华，译. 长春：吉林出版集团有限责任公司，2009：4.

③ Williams，R. Hegel's Ethics of Recognition [M]. California：University of California Press，1997. 转引自福克斯. 公民身份 [M]. 郭忠华，译. 长春：吉林出版集团有限责任公司，2009：2-3.

的权利意识参与其中；而在我国，承载公民权利意识的“社会”发展迟缓，并且我国“社会”带有很强的“设计感”，信息公开、工会制度、立法参与等组织、制度和机制见诸国家的法律法规和部门规章，执政党的历次代表大会的报告，国家领导人的讲话和所批示的报告、经验等，然而，就“所实现的社会”而言，上述各类制度和机制的实现程度都相当有限。[①] 这种社会的“实然”状态与“应然”理想有很大的差距，处于这种“社会”中的我国公民采取的政治参与形式既有直接的底层暴力抗争，也有通过网络社群的组织形式表达自身权利。从 2003 年孙志刚事件发生后中国收容制度的变革，到 2009 年唐福珍自焚案发生后拆迁制度的修改等，每一件最终推动制度进步的悲剧性个案都被媒体赋予了极大希冀，及至今日各种新媒体渠道的出现，公众有了更多实现表达权、知情权和监督权的方式。新闻发布工作在具体操作中也越来越“和颜悦色”，树立了一种平等交流沟通的姿态。原卫生部网站曾在“网络发言人寄语”中写道：卫生部网络发言人工作是新闻发布和新闻发言人制度的拓展和延伸，我们希望能够通过这一平台，对卫生部现有的信息发布渠道和已经发布的内容进行有机地整合，加强与公众的直接交流，进一步做好政府信息公开和卫生新闻发布工作，把它建设成为卫生部和广大人民群众之间沟通信息、传播健康的桥梁。新闻发布“不仅仅是面向媒体，特别是应对境外媒体，而且是面对国内社会主义民主政治建设”[②]。如果说 20 世纪 90 年代的新闻发布主要是应对国外媒体记者和国际社会的关注，那么，新闻发布制度发展到今天，更要满足国内公众的知情权，完善、发展社会主义民主政治建设，并将现代新闻发布制度作为政党、政府乃至国家塑造“阳光形象”的重要内容和手段。

## 二、“觉醒的”知情权利意识

参与传播并不给予国家和个人特权，而是聚焦于不同群体、组织和阶级及其内部的决策过程以及他们与国家的关系。参与传播旨在了解人类网络的传播方式，研究权力系统，关注水平或垂直的权力关系，而非用一种线性的方式观察权力。参与传播分析这些过程的目的是通过决策权的归属来优化权力关系和传播角色关系，也就是说，决策权的分配是真正重要的。

---

① 陆学艺．当代中国社会结构［M］．北京：社会科学文献出版社，2010.

② 国新办介绍 2005 年中国政府新闻发布工作和发言人制度建设情况［EB/OL］．http：//www.china.com.cn/zhibo/2005-12/29/content_ 8784819.htm.

主流传播学视野中的“受众”是信息末端的接收者，与“who”相比，对“to whom”的研究大多停留在传播效果测量的层面，却很少有研究者审视“whom”的议程设置能力，即公众的“主体性”是否在一定程度上消解了单纯作为“受众”的地位。不同国家有不同的政治参与渠道和方式。例如，西方国家政治选举过程中的辩论传统极大地激发了普通人参与政治的热情；而在中国，政治参与制度包括人民代表大会制度、政治协商制度、信访制度、基层民主自治制度、社团制度、政务公开制度、听证制度、舆论监督制度等。

谈及公民意识或其权利意识的觉醒，甚至讨论公众主体性时，往往不能将其视为偶然出现的，而这恰恰是不少文献中常见的表述，好像民众意识到自身“主人翁”地位是一夜之间发生的。要想真正了解公众主体性的觉醒，还要从更大的社会背景中去探寻，就中国而言，则始终离不开改革这个话题，因为改革是分析40年来社会情境的底色。改变不适宜的体制、革除积弊是改革的一般实践，在此过程中，社会分化程度也大大加深，这同时意味着社会上的利益主体越来越多元化；而且由于利益主体的多元化，发生在不同利益主体之间的矛盾和冲突将成为一种频繁发生的、常态化的社会现象。① 这些利益博弈中产生的矛盾和冲突既可能发生在不同的社会群体或社会阶层中，也可能发生在政府和民众中，尤以近年来全国各地发生的系列环保冲突议题中的各方博弈最为典型，包括四川什邡、江苏启东、浙江宁波等。以什邡为例，2012年7月2日，一个投资额超百亿元的钼铜项目因什邡周边居民担心废水废渣污染环境，引发了大规模抗议行动。在该事件曝光后的第四天，政府便宣布停工。从什邡钼铜项目的停建和舆论反映来看，有学者认为这是典型的“邻避事件”②，也有声音认为，“显然不是邻避运动（邻避运动是一个源于西方语境的词语，指建设项目遭到周边社区排斥引起的群体抗议），而是利益型群体事件”③，对处于政府主导型的经济发展阶段来说，政府行为考虑公众意见和态度显得更加重要。2014年6月，什邡举行千人环保大会，这一备受关注的项目可能酝酿重启，当地政府动用多种宣传手段和信息公开机制来传播钼铜的相关知识。四川省环保厅厅长姜晓亭认为：“重大项目决策前，应让公众广泛参与。如果什邡钼铜项目能做得更好点，或许结局就不一样”，“应按照法定程序让公众充分参与其中，把相关方面工作全部公开透明。当地政府

① 孙立平. 博弈：断裂社会的利益冲突与和谐 [M]. 北京：社会科学文献出版社，2006：226.

② 白红义. 环境抗争报道的新闻范式研究 [J]. 现代传播，2014 (1)：45-50.

③ 严定非. 什邡后遗症 [N/OL]. 南方周末. http：//www. infzm. com/content/105194.

应该说透，并接受各方询问，到最后就是公众选择权的问题。如果公众能接受的话，项目就做；不接受，就只有放弃项目。”

在新闻发布会召开前，准备上百个记者可能涉及的问题对作为政协新闻发言人的赵启正来说是必备功课，“我说话的时候眼睛里看到的不仅是记者，而是记者后面的民众。”面对媒体背后公众的期待，赵启正强调尽量说“透亮话”“普通话”，力争做到真实、真诚，既不讳言工作不足，也不回避敏感问题。[①] 每年的政协新闻发布会是对内沟通民众、对外展示中国的极好机会，既能使民众了解政协的态度和观点，获得民众的理解和支持，又能塑造开放、透明的国际形象。

从“知情权”到“话语权”，公众的“在场意识”和参与意识都在不断强化，这些都是公众主体性的表现。除获得信息之外，公众还要“说话”，要质疑、跟进。从制度与知识的关系来看，政治知识是制度建构的基础。在制度创建过程中，政治知识提供了制度选择的空间，没有政治知识的储备和制度的比较研究，就谈不上“构建”制度，而只是既有制度的被动承受者。此外，政治知识化培育现代公民文化。从公民文化与政治知识的关系来看，政治知识是引导政治文化的重要力量。19 世纪法国政治思想家托克维尔在《论美国的民主》一书的绪论中指出：“一个全新的社会，要有一门新的政治科学。”现代公民文化既具有民主的价值关怀，更具有立足事实的理性品格。它的基础既不是单纯激情的煽动，更不是来自自发的本能欲望。最先提出“公民文化”概念的阿尔蒙德认为，现代公民文化既不同于传统的依附性臣民文化，也不同于前政治社会的地域文化，它具有参与性、复合型、平衡性的特点，它需要理性知识的培育，不能自发地成长。[②] 在 2014 年 5 月 1 日《中华人民共和国政府信息公开条例》（以下简称《条例》）正式实施 6 周年之际，多家媒体竞相报道了一个民间公益组织发布的《政府信息公开条例执行情况民间观察报告》，该报告统计了我国 31 个省（市、区）的人民政府或人民政府办公厅 2013 年的政府信息公开年度报告，发现收到政府信息公开申请的数量超过一万份的省份有 9 个，其中数量最多的山东省共接到 33 294 份申请，显示出公众对政府信息知情权的强烈需求。同时，该报告还指出，《条例》实施 6 年来，行政部门对其保密权的捍卫仍然清晰可见，现实中还存在许多妨

---

① 顾瑞珍．这里没有“无可奉告”［N］．新华每日电讯，2012-3-3（5）．

② 曹沛霖．制度纵横谈［M］．北京：人民出版社，2005：255-257．

碍公众知情权实现的障碍①，这显然与不断增长的公众权利意识需求不相适应。

## 三、技术为公众“松绑”

不论是空间形式还是内容，互联网都以独特的方式改写了国家和社会之间的互动。当传播渠道匮乏时，公众找不到能够自由表达意见和态度的场域，尤其对中国来说，互联网带来的政治民主化及其所激发的“数字化公民”社会的兴起并不是相关学者创造时髦词汇的冲动，“数字化公民社会的形成有着重要的政治结果。它为公民提供了一个公共空间来参与政治”。一些西方学者主张，信息技术导致了公民离散，即个人倾向于“单干”。然而这种情况与中国的现实并不相符。郑永年认为，互联网对中国公民参与的影响是非常积极的，它可以促使数字化集体行动的形成，信息不再被垄断时，公众之间的随意交流便成为可能，基于数字的集体行动和社会运动也能够对政府产生巨大的政治压力。一旦失去对信息的垄断，政府就不得不调整其旧有政策和政策实践以适应变化中的社会现实，这便是中国政治进步的驱动力。② CNNIC 发布的第 43 次《中国互联网络发展状况统计报告》显示，到 2018 年 12 月底，中国互联网普及率已经达到 59.6%，这意味着在当下中国，有一半的公众触网，网络已经成为人们交流思想、讨论问题、参政议政、建言献策的重要场所。对执政层而言，也要创造多种方式进行引导，共同推动网络这一新的“舆论蓝海”的壮大发展。新的媒体技术增强了媒介进行相对小规模传播的能力③，提高了生产满足相对分散的、兴趣单一的受众的“大众”产品的能力，越来越多的公众敢于发言、敢于质疑，这极大地挑战了传统政治观念的权威感。一场新闻发布会包含 100 多个工作流程对北京市政府新闻发布办公室来说并不稀奇，“每个流程都打了钩，确定无误后我们才敢开新闻发布会”④，这项烦琐的准备工作的背后是接受言论“松绑”后公众的质疑和检验。就目前来看，中国的网民结构呈现出“两多、两低”的典型特征。“两多”，是指网民

---

① 万静. 公益机构发布首份政府信息公开民间观察报告［N/OL］. http://www.legaldaily.com.cn/index/content/2014-05/04/content_5495669.htm?node=20908.

② 郑永年. 技术赋权：中国的互联网、国家与社会［M］. 邱道隆，译. 北京：东方出版社，2013：139-140.

③ 奥利弗·博伊德—巴雷特，克里斯·纽博尔德，编. 媒介研究的进路：经典文献读本［M］. 汪凯，刘晓红，译. 北京：新华出版社，2004：5.

④ 余荣华，何璐. 新闻发布不能“绕行”热点［N］. 人民日报，2012-6-8（11）.

中年轻人多、低层边缘群体人多；“两低”，是指网民学历低、收入低。“两多、两低”的网民构成了中国网民群体的绝大多数，这就导致了网络舆论具有明显的情绪化、片面化、极端化、负面化特点，甚至呈现出民粹化、泛政治化、泛道德化倾向，从而大大增加了协商讨论和舆论引导难度，这就需要我们不断探索网络时代的传播规律，拓展新闻发布工作的触角，丰富新闻发布的形式，以适应网络化中国信息公开的需求。

## 小　结

总而言之，我国的新闻发布制度正是在多种因素综合作用下产生的，推动信息公开、建设政治文明、塑造国家形象、解释和说明国家政策方针、法律法规，发布党务、政务信息、回应公众与媒体关注的社会热点是制度设计的初衷，但是制度本身也遭遇了困境和质疑声音。在政务公开方面，有的存在重形式轻内容现象，有的公开内容不全面、程序不规范，有的不能妥善处理信息公开与保守秘密的关系，政府信息共享机制不够健全；在政务服务方面，服务体系建设不够完善，服务中心运行缺乏明确规范，公开办理的行政审批和服务事项不能满足群众需求等。[①] 发言人方面的问题也比比皆是，例如，①有形式，没内容。虽然发言人没有口头表示“无可奉告”，但是事实行为显然无可奉告，有的部门有事才开发布会，甚至有的发布会开成表彰会。②敷衍塞责。尽管国新办公布了各部委新闻发言人及其联络方式，但媒体联系起来仍然很困难，有学者认为，在这样的制度环境下，有新闻发言人还不如没有的好，但是随着信息公开的政治趋势，我国新闻发言人“无可奉告”的说辞已经成为官方在媒体面前的禁忌，这一过程中新闻发布制度的建设功不可没。中国新闻发布制度主要涉及的三个利益攸关方——官方、媒体和公众在新世纪都面临着自身发生转型的现实，执政者们的理念变化直接影响着新闻发布现实操作性的问题，以互联网为代表的新兴主流媒体打破了政府信息垄断的局面，公众主体性意识的觉醒意味着信息公开的历史潮流不可阻挡。

① 中办、国办. 关于深化政务公开加强政务服务的意见［EB/OL］. http：//www. gov. cn/gongbao/content/2011/content_ 1927031. htm.

# 第六章 构建中国特色的现代新闻发布制度

我国新闻发布制度化建设15年来取得的成就令人瞩目。客观地讲，2003年至2012年是中国大力推进现代新闻发布制度建设的第一个十年，2013年到2018年是新政治语境下的第一个五年，在新闻发布观念和运作方面都有了新的特征。这项作为展现中国政党、政府乃至国家形象的“阳光”政策经历了迅猛发展，在较短时间内建立起一套从上至下的新闻发布体系，相关的法律、政策和规约业已制定，但是“硬件”设施的齐备并不意味着能够实现彰显政治文明的目标。正如许纪霖所言，虽然中国的崛起已经是一个毋庸置疑的事实，但是问题在于，中国的崛起与文明有关吗，抑或仅仅是一种“富强的崛起”？富强的崛起是以GDP为核心的一组统计数据，所谓国富民强，是综合国力的展现，而文明的崛起则是一套普世价值与制度体系，是人类历史演化中新的生存方式和意义系统的诞生。[①] 如何将信息公开的深层价值融入对新的政治文明的思考，或可为进一步推动我国新闻发布制度化提供参考。

## 第一节 中国新闻发布制度存在问题的集中体现

### 一、新闻发布制度与中央要求、社会期待仍有差距

虽然我国新闻发言人制度日益完善，但与中央要求和社会期待仍有一定差距。当前一些地方和部门仍然存在政府信息公开不主动、不及时等问题。突发事件的新闻发布已经得到了更多的重视，而日常的信息发布却显得相对枯燥、乏味、沟通乏力。由于长期的部门分工以及专业局限，新闻发言人能获得的信息存在局限性，容易造成信息发布的内容笼统模糊，全面、公开、

① 许纪霖. 中国如何走向文明的崛起［M］//许纪霖. 知识分子论丛. 10辑. 南京：江苏人民出版社，2012.

及时、准确的信息仍显不足，特别是缺乏法制化的“制度安排”，新闻发布工作的法制基础薄弱，以致出现了诸如政府不能及时回应社会关切、一把手忽视新闻发布工作、新闻发言人专职化难以实施等问题。

## 二、新闻发布形式与公众媒介使用习惯的契合度不高

随着互联网业务在中国的飞速发展，网络作为信息发布与舆论整合的新领域，越来越受到政府与媒体的广泛关注。政府政务公开与危机公关开始尝试选择一些新媒体平台来完成与公众的信息交互。“两微一端”已经成为许多部门重要的信息发布、公共服务及与公众互动的平台。

但是，以国家部委和地方政府等为主体的新闻发布中，过多地沿用传统的新闻发布方式和平台，缺乏现代新闻发布的合理结构。具体反映在发布语言方面，多以正式的书面用语为主，而这种相对固定的官方表达在普通公众间的传播效果还有待提高。民间话语借助微博、微信等社交媒体，利用互联网及移动终端等平台，其表达方式明显区别于官方话语。如何借助新兴媒体实现官方话语和民间话语的融合，提高新闻发布的实际效果，是摆在我们面前亟待解决的一大课题。

## 三、新闻发言人素质尚待提升

在公众参与意识增强，微博、微信等新兴媒体兴起的时代，各类公共事件频发，新闻发言人日渐置身于“聚光灯和放大镜”下，言行备受关注。部分发言人由于缺乏新闻工作经验和新媒体应对能力，难以找准媒体和公众关注的新闻点，不能对信息进行有效整合、分析，导致在发布会上出现发言拖沓冗长、缺乏新闻点、官话套话不断的状况；表现出不敢说、不愿说、不会说的问题，新闻发布不够权威、不够专业，使政府信息在传递过程中发生失真，继而影响政府与公众的有效沟通。

## 四、信息公开立法滞后

推动新闻发布制度化建设最有效、最有力的手段是立法。自 2008 年《政府信息公开条例》实施以来，一系列规范、意见、政策、文件及国家领导人在不同场合的相关讲话都强调推动信息公开、回应社会关切对建立现代政府的重要性。然而，依据我国“下位法服从上位法”的立法原则，这些非法律手段的出台并不能有效地界定新闻发布的权、责、利。这也是我国立法历史

中的遗留问题：立法滞后，有法不依，即便一些法已经立了，但并没有真正将法律作为推进改革和形成新体制的手段，人们习惯用的还是“政策”“文件”“决议”“精神”等非法律手段。① 因此，如何进一步从法律的高度规范新闻发布制度化建设是未来发展的重要议题。

## 第二节　新闻发布工作中值得关注的六大关系

自我国建立和推进新闻发布制度以来，新闻发布工作已经成为国家治理的常态工作和自觉行为。随着中国特色社会主义进入新时代，事关党和国家事业、中国特色社会主义前途命运、最广大人民根本利益的，全局性、战略性、前瞻性行动纲领的全面深化落实，必然对新闻发布工作提出新的要求。综合来看，如何处理好当前新闻发布工作中的六大关系，是亟待解决的难题。

### 一、依法治国与依法发布的关系

党的十八大以来，在“建设中国特色社会主义法治体系，建设社会主义法治国家”的顶层设计下，全面依法治国在坚持走中国特色社会主义法治道路的征程中不断走向深入。作为党领导人民治理国家的基本方式，依法治国为法治国家建设所面临的问题提供了制度化解决方案。公开透明是法治政府的基本特征。在政府新闻发布工作中，坚持依法发布是依法治国、依法行政的具体表现。近年来，我国新闻发布的法制建设日趋完善，不断有新的管理规范出台。例如，2016 年连续发布的《关于在政务公开工作中进一步做好政务舆情回应的通知》和《〈关于全面推进政务公开工作的意见〉实施细则的通知》等文件，对我国的政务公开工作提出了整体性的指导性意见和全面、明确、具体、硬性的要求。2017 年印发的《关于加强食品安全谣言防控和治理工作的通知》和《关于推进公共资源配置领域政府信息公开的意见》等，为新时代的政务信息公开提供了依据。随着我国改革的深入和信息化的快速发展，很多法律法规在实施中面临着一些新情况、新问题，原有的内容已经不太适用。2019 年 5 月 15 日，《政府信息公开条例》修订版施行，修订后的《条例》积极扩大主动公开，平衡社会公众知情权和国家秘密、商业秘密、个人隐私保护之间的界限。2017 年，国家互联网信息办公室密集发布相关管理

---

① 孙立平. 博弈：断裂社会的利益冲突与和谐［M］. 北京：社会科学文献出版社，2006：10.

办法、规定，如《互联网新闻信息服务管理规定》《互联网信息内容管理行政执法程序规定》《互联网论坛社区服务管理规定》《互联网跟帖评论服务管理规定》《互联网群组信息服务管理规定》《互联网用户公众账号信息服务管理规定》等，旨在为加强互联网信息发布内容建设提供有力支持。一系列管理规范的出台使新闻发布的机制建设在高位推动下更加有法可依。虽然关于信息发布等方面的“上位法”仍有缺失，但是相关制度的提出不断完善了以新闻发布为核心的信息公开法律体系，对新闻发布的工作原则、程序和运行机制都做了明确规定，为新闻发布工作的有效开展奠定了坚实的法律基础。

政府信息发布必须依法发布。一切信息公开行为都要以法律为依据，牢固树立法制观念，秉承合法合规公开的原则。在发布信息之前，一定要充分了解信息公开的法律法规，使新闻发布工作符合国家的法律法规，严格遵守各项法律及规章制度。尤其是面对社会转型过程中出现的各种问题，为应对、防范可能出现的矛盾、风险、挑战，必须充分发挥法治的引领和规范作用，用法治思维谋划工作、处理问题。新闻发布首先要考虑是否合法，对发布工作的每个环节请法律专家或者顾问帮忙把关，在新闻发布制度建设中建立法律顾问制度。“普遍建立法律顾问制度”是党的十八届三中全会确立的改革任务。党的十八届四中全会进一步明确了推行法律顾问制度要求，提出要“积极推行政府法律顾问制度，保证法律顾问在制定重大行政决策、推进依法行政中发挥积极作用”。

## 二、舆论引导与议程设置的关系

舆论引导是我国新闻发布工作的重要目标。在信息时代，舆论引导演绎出越来越多的含义，它考验着政府的适应能力和执政能力。舆论引导要讲究技巧，信息透明并不是指对发布时机、发布内容不加以设置，要真正改善宣传效果，就必须经过精心策划，对信息发布进行议程设置。在具体的新闻发布实践工作中，议程设置在重大主题传播、正面发布等方面已经得到广泛运用。议程设置不仅从传播效果层面证实了舆论引导的重要作用，也揭示了通过议程设置来引导舆论的传播规律，议程设置功能越强，引导舆论的作用就越大。例如，在党的十九大期间的新闻发布工作中，对海外媒体的议程设置在信息发布的公开性、及时性、准确性和丰富性等方面都起到了重要作用。议程设置并非新的命题，基于互联网的、基于社交媒体的、基于移动终端的“三个舆论场”（民间舆论场、官方舆论场、中间舆论场）形成的极其复杂的舆论格局早已打破了大众传播时代的议程设置方式。有的学者提出了“第三阶段的议程设置理论”，即“网络议程设置理论”，其核心观点是：影响公众的不是简单由大众传播媒介设置的单个议题，而是一系列由复杂媒体形态（即三个舆论场）设置的议题所组成的认知网络。当下议程设置理论的精髓是，我们如何将不同的信息碎片联系起来，从而构建出公众所认可的社会现实的认知和判断。为应对这一发展态势，在重大关切、重大政策、重要民生工程、重大舆情事件等发布中继续发挥政府的引领和主导作用，有针对性地设置议程，是提升政府新闻发布工作传播力、引导力、影响力和公信力的重要命题。

首先，要讲究科学性。所谓的科学性，就是遵循新闻传播规律，将新闻传播规律与议程设置有机结合，以真实性、客观性为前提进行议程设置，重视议程设置的“筛选”环节，将信息量、时效性、关注度和典型个案等要素充分体现出来。尤其是突发性事件的新闻发布工作，政府必须履行好自己的职能，最大限度地抢占话语的主导权和传播的先机，正确进行议程设置，积极主动地宣传和倡导正面的声音，引导和消除负面的声音，并尽可能与现实事件同步，与真实生活相对应，形成健康向上的主流舆论。其次，要注重议程设置的针对性与实效性。政府要充分利用新闻媒介与公众沟通，准确发声、及时发声，保障其传播的有效性，从而推进舆论的有序化演进。在政府新闻发布工作中，政府、媒体、公众成为利益相关者，可以说在一定程度上是政府、媒介和公众共同设置了议程。公众议程是媒介议程和政府议程的基础；政府议程为媒介议程和公众议程提供了政策依据；媒介议程引导和影响公众议程和政府议程，三者互为因果、互为条件，只有三者良性互动，才能推动社会的民主化进程。因此，在进行议程设置时，应立足社会发展实际情况，从实际出发，从具体问题入手，将政府议程与媒体和公众需要紧密结合起来，注意把握方向和适应需要，寻求政府议程、媒体议程和公众议程的“最大公约数”。最后，要注重话语文风的表达。政府工作话语往往与新闻话语、公众话语有所不同，在新闻发布工作中，要根据不同发布平台、不同发布形式采用不同的话语文风表达，要避免以居高临下的姿态向媒体和公众进行宣传说教，应以信息介绍和互动交流的方式将三者进行合理转化，让媒体和公众更容易接受政府新闻发布的信息内容，做到话语平等、坦诚相待。

## 三、主管部门与相关部门之间的联动关系

在具体实践中，不论是日常新闻发布还是突发性事件的新闻发布工作，发布主体往往不仅涉及单一部门，还包括新闻发布主管部门、涉事责任相关部门等。政府是公众了解事件情况的最重要信息来源，尤其是在突发事件中，政府回应的“第一印象”尤为重要。综观近年来部分舆情热点事件的新闻发布工作，新闻发布效果不佳，甚至衍生出次生舆情，部分原因在于涉事相关部门没有做好沟通与协调工作，在信息发布和舆论引导过程中没有做好各部门之间的联动工作，处理好联动关系，因而在回应环节出现了“脱节”，这严重影响了政府主管部门的公信力。

要妥善处理主管部门与相关部门之间的联动关系，建立健全部门协调机制，统一指挥、整合资源、联动协作、合力应对，为政府内部快速反应提供全方位保障。首先，涉事相关部门需要提前为新闻发布主管部门提供充分的信息支持，建立行政事务与新闻发布工作的协调沟通机制；新闻发布主管部门为涉事相关部门提供专业支持，协助涉事部门确定发布主题、发布内容、发布渠道等具体事宜。其次，对涉及多个涉事部门的新闻发布，应明确政务公开新闻发布、政策解读、政务舆情回应责任主体，明确“第一责任人、第一解读人、第一发言人”，涉及多涉事主体部门的，一定要有总体统筹，由权威性行政官员“坐镇”，围绕主题确定信息发布的程度、发布的基调和发布的措辞，通过一定方式将涉事部门串联起来，形成以政府为核心的各涉事部门权力与责任的分配问题。同时涉事各部门要权责“清晰”，打破部门樊篱，提前“通气”，由每个部门的一把手审核好发布内容之后，通过联席会议等形式最大限度地进行信息沟通和资源共享，做到事前沟通、共同确认，“说什么，怎么说”都要步调一致。尤其是针对同一事件进行多场新闻发布，对事件的定性和处理措施要保证信源固定，参与人员结构稳定，官方回应层级统一，切不可各自为政、说法不一。在信息发布的全过程中还要注意舆情信息的收集与研判，这是贯穿始终的重要工作。

## 四、线下发布与线上发布的关系

新闻发布工作的主要目的是让媒体和公众及时、充分地了解政府的决策、措施以及对有关问题的态度与意见。新闻发布会是新闻发布工作的主要形式，但不是唯一的形式。目前，充分利用新媒体以线上发布的形式开展新闻发布

工作已经成为常态。和新闻发布会相比，线上发布具有及时、高效、受众面宽、接受范围广的优势。“两微一端”等作为目前主流的新媒体平台，其影响力和传播力巨大。近年来，我国的政府新闻发布工作也充分利用了线上发布的优点，第一时间发布有关信息，让权威的话语和官方的态度迅速传播，有效遏制了谣言和负面言论的不良影响。在线上发布实践中，政府也日渐成熟，对新媒体的使用已经进入一种良好的状态。但是任何一种媒介发布形式都既有优点也有不足。线上发布时效快但是信息容量相对也小，线上发布往往需要内容短小精悍的信息，这在一定程度上对信息发布的完整性构成了挑战。线上发布基本上以文字为主，图片和视频内容在实践中还有待完善，它的现场感、真实性、互动性显然不如新闻发布会。虽然通过留言评论等方式可以在发布者和接收者之间进行互动，但是由于发布者人员和精力有限，不可能实现充分的互动和引导，而网民的意见又参差不齐，线上互动往往质量不高。

因此，在新闻发布工作中，要强调线下新闻发布的主体地位。新闻发布会在形式、内容和传播效果等方面具备线上发布不具备的优势。首先，在形式上，新闻发布会是政府或官方的代表或发言人现场传达和解释信息，会前做了充足的准备，具有很高的权威性；其次，会议的时间较为充足，围绕一个主题可以进行较为系统深入的说明，充分传达发布者的意见和态度；再次，现场的答问环节中互动是高效而充分的，媒体记者会围绕主题从公众关心的角度出发来提出问题并得到及时回应；最后，从传播效果来看，线下新闻发布通过媒体的二次传播而且通常情况下借助新媒体的次级传播也产生了广泛的影响力。在新媒体时代，最佳的新闻发布原则是线上与线下有机结合，但是绝不能在新媒体浪潮中忽视新闻发布会的作用。重视新闻发布会就要充分发挥它的优势，改善它的不足，具体措施包括，在考核评价体系中重视，给予线上线下合理的评判比例，或者在重大舆情事情的回应中，必须突出线下新闻发布的地位和作用。

## 五、既有规制的落实与再出台新规制的关系

经过多年的推进，我国新闻发布制度建设与机制渐趋完善。特别是近5年来，更是密集出台了一系列极具针对性和操作性的实施意见和具体要求。例如，2013年出台的国办100号文《进一步加强政府信息公开回应社会关切提升政府公信力的意见》，2014年出台的中办、国办21号文《关于建立健全信息发布和政策解读机制的意见》，2015年颁布的《关于建立国务院部门主

要负责同志主动及时回应社会关切机制的情况和建议》，2016 年出台的《关于在政务公开工作中进一步做好政务舆情回应的通知》《关于全面推开政务公开工作的意见实施细则》，2009 年 4 月 3 日修订的《政府信息公开条例》等，针对新闻发布和舆论引导工作中的新情况、新问题做出了具体且具有操作性的规定。

受制于政治宏观环境、政治管理制度、行政决策机制、团队变动、素质差异等诸多因素的影响，在遭遇重大舆情特别是敏感舆情时，挑战依然较大。有些机构以及新闻发布主体部门没有在理念上认识到新闻发布工作的重要性，新闻发布流于形式，在人员选配、发布流程和规范等方面不够重视，在发布时效上滞后，甚至还有以新闻发布为名发布不实消息的情况。应该说，多数问题还是出在对既有规制的落实不力上。因此，我们认为，一定要强化既有规定、好的做法的贯彻落实，在政策解读、回应舆情和社会关切等方面的规定要进一步强化贯彻和落实。当然，有些问题在既有的规定中无法很好解决，可以尝试采用一些新的规定、办法和机制来加以解决。

## 六、传统媒体“易管”与新媒体“难控”的关系

舆论场域中的意见竞争通常表现为公信力、真实性和时效性三者的复杂互动。因为我国特殊的媒介管理体制，目前在国内仍然存在传统媒体和新媒体之间不同传播形态的对比。这种对比并不是以技术形式来划分，而是以管理体制来划分。通常理解的传统媒体包括报纸、杂志、广播、电视，它们作为媒介机构无一例外受到了党和政府严格的管理，在重大新闻和舆情传播中，传统媒体代表了主流的声音、政府的声音、官方的声音。这些传统媒体所创办的新媒体平台实际上也受到了较为严格的管理。与此相对，以商业新媒体如微博、微信等媒体平台为代表，“用户生产内容”的方式让个人、企业甚至各级政府和各种组织都可以成为信息的发布者，这也是新媒体或者社会网络媒体的特点之一。就管理的复杂性和技术难度而言，目前尚无有效的管理手段来解决新媒体平台“众声喧哗”的局面，这就在事实上造成了传统媒体在发挥舆论影响力方面的欠缺。因为理念和机制的原因，在处理很多重大新闻和舆情的时候，各级管理部门观念保守、反应滞后、流程烦琐，传统媒体自身也有诸多顾忌，在很多时候错失了时效性，真实性上有所不足，极大地影响了其公信力。

对传统媒体的“易管”给本已处于弱势竞争格局的传统媒体压上最后一

根稻草，持续的“失声”“失语”“缺位”让传统媒体处境更加艰难，失去更多的受众，主流影响力日益弱化。而对新媒体的“难控”则让各种非主流、非权威的声音填补了主流媒体失语造成的信息真空。传统媒体，特别是主流媒体是舆论平稳的压舱石，要给权威主流媒体松绑，重新树立权威性。在一些重大事件、重大舆情危机中，要让传统主流媒体发出权威、及时的声音。要做到这一点，需要管理部门进一步更新观念、解放思想，从党和政府工作的全局出发，尊重新闻舆论工作的基本规律，发挥传统媒体的积极性，以平衡的方式来处理传统媒体和新媒体的管理策略，为传统媒体创造更多空间，恢复和重塑主流媒体的公信力。当然，对传统媒体正在实施的媒介融合战略要更加强化，拼抢甚至是争夺新媒体的空间。

## 第三节 对我国新闻发布制度化建设的进一步思考

政治传播是一种对政治信息和政策信息有目的的传递过程，与特定时期的政治意图和政策实施密切相关。权威的新闻发布系统是国家政治意图和政策方向的重要传播渠道。网络化中国的出现也需要我们对新闻发布工作有新的认识。以数字化、互联网、移动终端等为代表的信息传播技术革命深刻地改变了过往的信息传播和社会交往方式，并由此改变了中国社会的各种关系和结构，引起了整个社会模式的变迁。在其影响之下，真实和虚拟、时间和空间、私人与公共、社会与国家、地方与全球均受到前所未有的冲击和解构，各种领域的社会关系进入了一个持续的重塑过程。在这一过程中，新闻发布制度化能否把握网络社会的传播规律，发挥更大的“润滑作用”，从而顺利完成这个转型过程，值得我们深入思考。

在这种情况下，争取“第三舆论场”抑或“中间舆论场”的支持将成为未来我们舆论引导工作的一个重要方面。在过去，我们片面重视网络舆情的反馈，并以此为出发点调整我们的宣传战略。事实上“网民不等于公民，网情不等于舆情”。互联网进入中国 20 多年来，我们发现了一个不为人所关注的现象，那就是一批曾经活跃在网络上的高学历、高收入的所谓“精英群体”逐渐转向“地下”，成为新的“沉默的大多数”。他们用人际传播或组织传播构成了一个新的“第三舆论场”，事实上，这个“场”在社会舆论走向上却起到了关键性作用。我国新闻发布工作不仅要看到所谓“民间舆论场”的存在，更要重视加强与沉默的“第三舆论场”的对话和引导工作，这也是网络化中国对新闻发布工作提出的崭新要求。

## 一、对推动我国新闻发布制度化的建议

党的十八届三中全会拉开了全面深化改革的序幕，提出了加强国家治理体系建设和治理能力现代化的要求；党的十八届四中全会首次以专题的形式讨论“依法治国”的问题，要求全面推进依法治国，将国家治理体系和治理能力现代化纳入“制度”的框架内，并以此为指导方针。笔者认为，在新闻发布制度建设层面，中国新闻发布可以用“法制化”与“专业化”这两个支撑点来助推新闻发布制度的新发展，加快立法步伐，明确发布主体的权、责、利，并着力加强新闻发言人队伍的正规化和职业化。法制化与专业化不仅是党和政府在当下对新闻发布工作提出的新要求，也是新闻发布工作突破发展瓶颈、开拓进取的必由之路。

### （一）做实制度建设，创新发布机制

在推动“国家治理体系与治理能力现代化”并将其纳入“依法治国”精神的背景下，新闻发布制度化建设框架中“做实制度建设，创新发布机制”是关键，新闻发布制度的推进与完善既有更加重要的意义与作用，又有新的方向。国家治理体系现代化进程与社会现代化进程、中国民主法治进程紧密相连。治理应该是过程性的，其核心在于协调，涉及政府、社会各公共部门及公众间的持续互动；其目的是在各种不同的制度关系中运用权力去引导、控制和规范各种活动，以最大限度地增进公共利益。新闻发布制度作为维护公众知情权、参与权、表达权与监督权的重要制度，在国家治理结构中占居要位，信息的畅通是协调的基础，也是互动能否有效进行的关键。在当下，如何在大的新闻发布制度建设框架中着力于新闻发布实施过程中“运作机制”建设更为重要。在这方面，有的部委、省市在实践中不断形成着自己的新体会、新方法、新经验。例如，教育部在陈宝生部长的督促下，形成了“教育部新闻发布工作规范”。在处置突发事件的新闻发布工作中，教育部新闻办可以“先报部领导，再通各司局”的重大机制设计就是突出一例。此外，教育部任何的政策阐释新闻发布和突发事件新闻发布，都要有“舆情风险评估”，新闻办负责人要在“舆情风险评估”报告上签字。

1. 加快立法步伐，推动《中华人民共和国政府信息公开法》与《政府新闻发布工作条例》的尽快出台。

国办发〔2013〕100号文件明确指出："依法实施政府信息公开是人民政府密切联系群众、转变政风的内在要求，是建设现代政府，提高政府公信力，稳定市场预期，保障公众知情权、参与权、监督权的重要举措。"这就要求新闻发布制度必须强化制度保障与法律约束。《政府信息公开条例》已于2008年5月1日起施行，此条例在很大程度上支持和促进了我国新闻发布制度的建设。2019年4月3日，根据第711号国务院令，《政府信息公开条例》修订版公布，修订后的条例坚持"公开为常态、不公开为例外"，扩大了公开范围，明确了不公开范围，进一步保障了社会公众的知情权，但是依然是"条例"。随着社会改革进程的加快，特别政治体制改革进程的加快，仅靠政府行政法规来支持新闻发布制度建设已远远不够。若在法律层面没有进一步的推进，新闻发布制度建设的诸多问题将缺乏法律支撑，难以"合法"地推进。新闻发言人应当是"制度人"，这个"制度人"首先是指我们的新闻发言人应处于一个完善的制度体系尤其是法律制度体系之中，新闻发布制度的健全和发展需要相对健全的法律体系做基石。因此，在我国新闻发布制度建设大发展的今天，国新办应尽快呼吁出台信息公开法，使新闻发布工作得到法律体系的确认和支持，从根本上为推进我国的新闻发布制度建设提供坚实的保障。

新闻发布制度的法制化亦是促进各级政府新闻发布部门回应社会关切的重要推动器。一方面，制度化应该有法律的保障，上升到法律的高度，同时还要配合具体的法规进行落实；另一方面，推动法律执行需要个案操作的模板，让抽象的法条与规则真正落地，尤其是可以在媒体上进行相应的解读，扩大这样的示范或警示效应，以获得各级政府部门一把手及相关人员的重视。《政府新闻发布工作条例》（修订版）恰好可以在这一层面给出具体的操作与落实路径。一方面，强调新闻发布制度的合法性，即提供信息，协调公众，实现善治的程度，通过信息的透明与公开，使公众有效地参与公共决策过程，并对公共管理过程实施有效的监督；另一方面，建立在法律基础上的制度体系更强调责任性，在新闻发布制度中，特别体现在新闻发言人职位的职责与相应的义务上。不能仅靠职业良心或道义，而必须依靠法律来实现制度中的发布与回应，包括对公众的要求做出及时和负责任的反应，不能无故拖延没有下文。在必要时还应当定期地、主动地向公众征询意见、解释政策和回答问题。同时，该条例也是对"新闻发布"这种特定公开形式的细化规定，包括什么情形下，哪级主体应启动新闻发布程序，应发布什么内容，可以增强“新闻发布”的规范性与可操作性。

2. 进一步明确新闻发布主体的权、责、利，确保依法发布、依法问责。

我国行政机关部门职能交叉，部门上下级之间，行政首长的正副职之间，行政官员之间存在权责不一致、不对称，职权与权责划分模糊，有权无责，有责无权。所以，法律与制度体系必须要明确在哪种情况下需要进行新闻发布，需要哪一级别的负责人进行新闻发布，向谁发布，为什么进行和以什么样的形式进行。同时，对信息发布主体，一定要有权利保障，特别是信息授权，列席最高层级的会议，全面掌握信息。这个制度至今没有在政府部门得以贯彻，特别是在地方省一级、市一级没有得到较好的保障，发言人在不了解全部情况下发布新闻的情况还很常见。

由法治来实现的制度化过程，要明确职责与责任。问责是政府官员在没有履行其职责的情况下承担否定性后果的一种追究制度。在新闻发布制度框架下，要特别明确问责的对象——廓清言说主体与执行主体；强调问责的目的——提高政府公信力，增强与公众的互动、协调。目前，需要解决的问题是，在行政问责制整体不健全的情况下，新闻发布的问责如何通过法律、法规来实现倒逼。同时，应特别明确行政一把手在这一过程中的责任边界，通过对一把手施压的方式实现其对新闻发布工作的重视，对新闻发言人的授权与培养。

新闻发布制度若要不断进取，就必须在法律的保障下构建边界清晰的新闻发布制度责、权、利制度体系，体现对新闻发言人的保护、奖励与问责。越明确的权、责界限与规范，对新闻发言人来说越是一种保护。要明晰行政一把手与新闻发言人的权责分配，并规定采取绩效考核的方式，对新闻发言人及其所在部门的表现进行评估；还要强调新闻发言人的基本权益与培养机制，包括行政机关新闻发言人按照正常程序开展新闻发布工作的合法权益依法受到保护，行政机关应在队伍建设、技术平台、后勤保障等方面对新闻发布工作予以重视和支持，各级政府新闻办应加强对新闻发布工作相关人员，特别是新闻发言人的业务培训。

### （二）完善新闻发布的职业准入制度

在新的历史条件下，推动新闻发布制度不断完善的另一层面是在“法制化”的前提下，以“专业化”来完善新闻发言人队伍建设，从而有效管理新闻发布制度建设中“人”的因素。党的十八届四中全会明确提出“推进法治专门队伍正规化、专业化、职业化，完善法律职业准入制度”的要求，新闻发言人队伍的制度化建设可借鉴中央对法治专门队伍建设的要求，通过正规化和职业化提升新闻发言人的“专业化”程度。

1. 正规化：明确新闻发言人的入职条件。

新闻发言人在我国社会发展特别是国家治理中独特的地位和作用日益彰显，然而，无论是“王勇平事件”还是“家奴”言论，无不指向新闻发言人的素质问题。若想在新闻发布制度建设尤其是新闻发言人队伍建设上少走弯路，除了在“法制化”层面不断努力之外，还要在此基础上确定必要的任职条件和程序，设置考核机制，从符合条件的人选中遴选各级新闻发言人，而不是现有的随意性颇大的“任命”机制，从而确保新闻发言人入职条件的正规化。

当下新闻发言人入职条件的设定至少要解决如下几个问题：第一，从中央到地方，不同层级的新闻发言人职位应该由符合何种行政级别的人员来担任；第二，在此前是否具有发布信息或策划发布的经验，是否具有应对和处理危机的经验；第三，是否具备适应全媒体时代背景的跨媒体经验、跨学科理论造诣；第四，表达是否清晰流畅，应变能力是否突出。在确定其政治立场坚定的前提下，将上述要点纳入新闻发言人入职考核机制中，是推动“正规化”从而保证“专业化”的最有效方式。

2. 职业化：从组织机构层面保证新闻发言人“专司其职”。

以“人”的因素来助推新闻发布制度的发展，不仅包括“人才”引入的正规化，也包括管理“人才”的科学化。作为“制度人”的新闻发言人，是新闻发布制度的核心主体，由于新闻发言人处于具体的组织机构中，因此，以法制原则为前提，进而在组织机构层面保证新闻发言人成为“职业人”，使之“专司其职”，避免频繁变动，对完善和推动新闻发布制度是不可或缺的。

“职业化”的实现首先要求在不同层级的政府机构内设置“新闻发言人”这一职位，并明确这一职位的职级；在此基础上，要借助法律的力量明确其权、责、利。不仅如此，新闻发言人“职业化”的实现还要求其在组织上有人力、物力与技术的配套，唯此，才能实现对新闻发言人真正意义上的“赋权”，使之能够参与高层决策，沟通各个部门，全面掌握信息。只有在组织制度上解决这些问题，才能推进新闻发言人队伍的良性发展，不断提高新闻发布的能力和水准，以“职业化”推动“专业化”。

## 二、全媒体环境下新闻发布的运作机制与操作策略

### （一）常态发布：以政策解读为突破口

新闻发布会是影响舆论的有效方法，发布会本身也许只是一个象征、一个仪式。从宣传的目的来看，它的重要性在于发布会的宣传价值，而不再是具体说了什么。现场记者通常数十个或者几十人，如果发布会本身是重要的，就会被广播、电视、网络新媒体等传播扩散，并因此获得更多人的关注。以宣传的眼光看，发布会的真正价值在于传统媒体和新兴媒体对发布议题的关注，而不只是现场效果。历经多年发展，我国新闻发布工作总体上已取得重大进展，各级政府部门都已深刻认识到新闻发布工作，特别是重大突发公共事件新闻发布工作的重要性和必要性。但是需要注意，尽管运作模式相对成熟，但长期的惯性思维定式使得新闻发布会缺乏创新性，导致常规新闻发布工作仍然较为薄弱。为此，国新办可考虑以政策解读作为常态发布的突破口。移动互联时代的到来使任何信息都可以快速到达公众的指端或眼前，但是这并不意味着多数公众可以快速处理与把握信息，信息经由意见领袖再次传播的二级传播模式在新媒介生态中未曾失效，甚至在信息海洋的裹挟中更加凸显出其重要性——如何快速滤去海量无效的冗杂信息，并消化核心信息，需要更多的媒介素养、知识积累的支撑。

对于影响国计民生的法律法规、规章制度、意见、规定、办法等文件，国新办可做权威解读，提升公众对这一发布平台的信任度。同时，在新法规、新举措颁发后，国新办应当注重时效性，进行同步解读；而且国新办可发挥国家级平台作用，邀请相关部门负责人或专家做出特色解读，其他地区则可以结合本地社情、民情调整解读重点。例如，上海市政府新闻办实名认证的政务微博“上海发布”的成功运作，在相当程度上是由于其运作团队能把握时机，对公众关心的政策、法规做深入浅出的特色解读，凸显了这一平台的可靠性、便利性、专业性、务实性等，使其日常发布的关注度极高。

### （二）突发事件发布：以协调多方发布为着力点

随着我国新闻发布制度建设的大力推进和新闻发布工作的日臻完善，各层次、各部门新闻发布的“主体意识”日渐增强。但是有些新闻发布事项（如牵涉面大、涉及面广的事项）或突发事件新闻发布（多部门的关联）本身就需要协调各方参与发布，这就需要相关部门（如国家层面上的国新办和

其他层面的各部门）进行强有力的“协调”和“联动”。我们也必须看到，囿于我国行政体制长期以来形成的职责不清、条块分割、相互交叉等各种弊端，在我国的新闻发布工作中，为了部门利益（日常新闻发布较多）或者躲避（逃避）责任（突发事件新闻发布较多），本该多部门“协调”和“联动”的新闻发布工作却互相推诿、互相扯皮，这种情况必须改变。在这方面，上海市教委提出的“多方联动，合力应对”的举措收到了较好的效果。此外，社会发展新机构的设立也带来了“协调”和“联动”上的新问题。我们在调研中发现，省、市“新闻办”与“网信办”（级别提升，平起平坐）之间日益凸显的一些问题，如“舆情互不共享”“发布各持己见”等。对于重大突发事件或者涉及多地区、多部门的突发事件，中宣部（国新办）要发挥权威平台作用，有效防止不同地区、不同部门之间的推诿扯皮、交叉发布、过失发布等现象的发生。

### （三）回应社会“隐性危机”，注重发布“时、效、度”

新闻发布工作首先需要各级发布活动主体高度关注社会热点舆情态势，特别是要加强对网络舆情的分析与研判。CNNIC 第 43 次《中国互联网络发展状况统计报告》显示，截至 2018 年 12 月，我国总体网民规模达到 8.29 亿，互联网普及率攀升至 59.6%，尽管低学历、低龄、低收入人群仍然居多，但其中 30 岁以上各年龄段网民占比均有所提升，中国网民年龄结构继续向成熟化发展，互联网在社会舆论、经济发展、文化创作中的作用逐渐凸显。同时，约 50%的舆情事件活跃周期为两周，约 29%的舆情事件活跃周期为 16 天至 30 天，即大多数事件的活跃周期在一个月以内。因此，结合舆情热点来策划新闻发布更需要强化时效性观念。

在捕捉到社会热点舆情之后，新闻发布应勇于回应其中涉及社会敏感问题的舆情热点。特别是作为国家新闻发布平台的国新办，应敢于“碰硬”，这既能体现党的十八大后加大改革开放的力度，也可以解决掣肘国新办新闻平台对媒体、公众吸引力不足的问题。同时，中国现在面临的国际舆论形势不容乐观，2013 年 5 月，BBC 发布了包括中国在内的 22 个国家的“世界民意排行榜”，过去一年，对中国抱有负面看法的人上升了 8%，是近五年来最高的一年。可见，进一步推进和深化政府信息的透明公开非常必要。党的十八大报告指出，“当前，世情、国情、党情继续发生深刻变化，我们面临的发展机遇和风险挑战前所未有”，面对这一形势的新闻发布工作要将敢于碰硬的“深层次的沟通”作为今后新闻发布工作的重点。在新闻发布策划阶段，发布主体应根据舆情监控分析的热点确定新闻发布议题、制定新闻发布方案，尤其是在议题的选择上，一定要注意切中要害，突出热点、难点，化解疑点、痛点，从议题层面就争取引发媒体与公众的广泛注意。特别是对近年来不断兴起的社会思潮，要警惕其解构主流价值观的危险，在其还没有发生显性作用时，国新办就应该予以重视，而国家层面对相关言论的辨明或信息的公开透明恰恰能够有效回应“隐性危机”。

### （四）使用全媒体语言发布核心信息

目前，国新办新闻发布的主要形式是“搭台式”新闻发布会、吹风会、集体采访等，这些发布形式也是我国目前新闻发布的主要形态。但是，它们也存在准备程序相对复杂、运作不够机动灵活等弱点，因此，有必要采用多元化的发布形式，充分借用多媒体平台，以满足新媒介生态中社会公众日益增长的信息需求。随着互联网的崛起及日益主流化的影响力，以及它对社会生活及其结构、规则的巨大改变，各级新闻发布主体都应该充分运用以互联网为代表的新媒体手段，做好新闻发布工作。微信的推出极大地影响了中国社会舆论生态，微信圈层中不断制造着社会信息和社会意见，并向整个社会话语场域不断输送，扮演着社会信息后台的角色，而微博则日趋扮演着社会信息前台的角色，即微信制造话题，传播发酵，然后通过微博这一信息前端展现，引发传统媒体跟进，进而弥散到整个社会话语场域。这种新的信息传播格局将在很长一段时间内存在，新闻发布工作机构要在多形式并重的基础上，尽快开设政务微博。从目前的发展形势来看，还需特别关注“两微一端”的新闻发布，新兴媒体传播也要打好“组合拳”，发挥不同平台的传播作用。例如，可以开设相关微信公众账号，对发布会进行预报、直播，也可建立线上与发布现场的联动。同时，由于微信平台相对封闭，也有利于对敏感棘手问题的引导和讨论。

从世界范围来看，随着公民记者、自媒体以及“UGC”（用户生成内容）模式新闻网站的大量出现，呈现出信息娱乐化、观点话题化的趋势，同时权威媒体的议程设置能力不断弱化，这使传统新闻发布方式受到了极大的挑战。未来的新闻发布工作有必要逐步转向更符合新闻传播规律的叙事模式和对话模式，并逐步培养新闻发布团队使用全媒体语言发布核心信息的能力，这些信息可以直接用作标题、微博话题标签等，使其引发关注并产生话题效应。

为了提升信息的传播效果，还应当注重利用计算机图形学和图像处理技术，将信息转换成图形或图像，以“可视化”的方式展示信息要点，呈现数据或陈述观点，这是当下新媒体传播中广受欢迎的表达方式。

### （五）大数据与新闻发布评估

在新闻发布评估中，需要将宏观的制度评估与微观的单场发布会评估结合起来，主要工作包括数据采集、模型建构和评估维度确立三个方面。数据采集围绕要素指标、传播指标和反馈指标等进行；模型建构包括构建制度模型、传播模型和效果模型三个方面。在评估中，要将数据恰当化和关联化，以实现新闻发布评估的科学合理。如何有效地进行新闻发布活动的评估，实际上，是当前政治传播效果研究中的关键领域。在这个领域中，不少学者曾经有所关注和论述。总体上看，政治传播的效果研究主要是通过量化的方式实现的。在数据不断丰富的新媒体时代，借助大数据进行政治传播的效果研究，尤其是从事新闻发布活动的评估，成为一个可资探索的领域。新闻发布是政治传播中的典型活动，也是一种机构对于公众舆论的公共关系活动。例如，格鲁姆在其著作中就将政府的新闻发言人称作公共关系人，对政府新闻发布的评估也应遵循公关评估的层次与流程。诚如国内专门从事新闻发布评估的周庆安所言，对数据的使用只是评估更加科学化的开始，[①] 借助大数据进行新闻发布的评估是当前评估工作中的趋势，它将从工作机制层面倒逼新闻发布制度化的进一步发展。

### （六）培训主要领导，提升发布能力

经过国新办多年的推动和引导，新闻发布活动已经成为党和政府各部门日常工作的重要内容。面对媒体和公众进行沟通已经成为各部门领导和责任人必须履行的职责。通过参与各种形式的新闻发布活动，各部门主要领导和新闻发言人的素质和能力都有明显的提升，但依然存在新闻发布能力不足的问题。如何对主要领导实施新闻发布工作培训，是进一步做好新闻发布工作的关键。这样的培训考虑到新闻发言人岗位除在部门和行业的业务角度对专业性有较高要求外，还必须掌握新闻发布专业方面的知识。为提高主要领导参与新闻发布工作的效果，要在发布之前进行充分的培训和演练，系统、及时地更新主要领导的相关知识储备和结构。

---

① 周庆安. 大数据在新闻发布评估中的运用研究［J］. 新闻与写作，2017（11）.

# 小　结

我国现代新闻发布制度目前取得的成绩相当不易，其间遭遇的质疑并不能掩盖现代新闻发布制度的推动者十余年来对这项“阳光工程”的努力，反而更加坚信在当前舆论场多元声音并存的情况下信息公开透明的重要性。不论从何种视角出发，信息公开都已经成为政治民主的根本要求，成为彰显国家现代化治理水平的标志之一，加强信息公开、回应社会关切、提升党和政府公信力是现代化政治道路的必然选择。虽然在新闻发布工作中依然存在制度与中央要求、社会期待仍有差距，形式、话语与公众媒介使用和表达习惯契合不足，新闻发言人素质有待提升，信息公开立法滞后等问题，但是新闻发布制度必须坚持下去，并要处理好依法治国与执法发布、舆论引导与议程设置、主管部门与相关部门之间的联动、线下发布与线上发布、既有规则的落实与新规制的出台、传统媒体与新媒体六对关系，从“法制化”和“专业化”两个支撑点助推我国现代新闻发布制度化进程，并为世界政治文明提供一种中国方案成为最高追求。

# 附录

# 制度化建设中的新闻发布考察

## ——以中宣部（国新办）新闻发布活动为例（2003—2018 年）

为了考察多重力量共同作用下的宣传实践，笔者对 2003 年以来国务院新闻办公室新闻发布平台的新闻发布会做了全样本分析。作为国内外媒体和公众认识政府的重要窗口，国务院新闻办公室（以下简称“国新办”）对我国新闻发布制度来说是重要机构，常就关乎国计民生的各种议题进行组织策划，是中国新闻发布制度的重要推动者。本研究中的样本来源于中国网和国新办官方网站，但年度总数据与国新办年终总结时公开的数据部分不一致。例如，2008 年的官方数据为 83 场，而笔者从中国网的国新办新闻发布入口可以得到 86 场新闻发布活动信息。所以，笔者综合两者数据，最终获得样本数为 1 076 场（见附图 1）。

## 一、国新办新闻发布活动的描述性分析

### （一）发布主体的变化趋势

在我国三级新闻发布制度中，国新办属于最高层级的发布平台，发布主体的身份和职位较高。例如，2005 年的 68 场发布会有 40 多位副部长以上的负责人发布新闻；2006 年的 58 场发布会有 59 位副部长以上的部门领导发布信息，其中有 12 位部长。特别是在中国新闻发布制度化建设的第十年（2013 年），国办出台了《关于进一步加强政府信息公开回应社会关切提升政府公信力的意见》（简称《意见》），国新办建立了“4×2×1+N”① 的新闻发布模式

① 根据国办的《关于进一步加强政府信息公开回应社会关切提升政府公信力的意见》，国新办建立了“4×2×1+N”新闻发布模式的刚性工作要求。“4”，就是与宏观经济、民生关系密切和社会关注事项较多的部门，每季度至少举行 1 次新闻发布会，每年 4 次；“2”，就是这些部门的负责同志，每半年至少出席国新办新闻发布会 1 次，每年 2 次；“1”，就是这些部门的主要负责同志，每年至少出席国新办新闻发布会 1 次；“N”，就是发生重大社会关切和重大突发事件时随时召开新闻发布会。

的刚性工作要求之后，更多的“一把手”开始出席新闻发布会。但由于“目前我国的新闻发言人几乎都是兼职的，国家行政职务系列上还没有新闻发言人的系列”（汪兴明语），所以样本中有不少场次的新闻发布活动，若有发言人和部门正职领导共同出席发布会的，一般后者担任主要信息发布者，并主要回答记者的问题，发言人则补充信息，有的场次中发言人甚至“不发一言”。

截至2018年12月29日，共有2683位信息发布者出席国新办新闻发布台上，除了2010年11位党委新闻发言人集体出席发布现场之外，其他年度的新闻发布均有3人出席。就发布主体的数量而言，一般为两个或两个以上，单个新闻发布者出席发布会的场次统计在不同年度中并无明显趋向，侧重多人共同出席的“联合发布”是国新办组织新闻发布的重要形式。

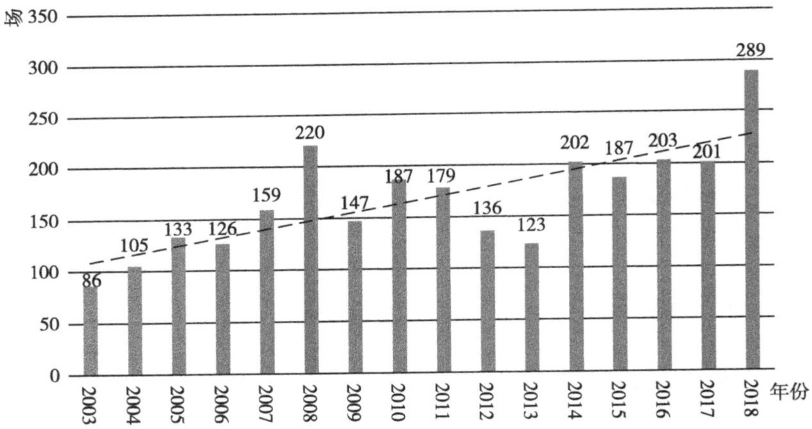


**附图1 2003—2018年出席国新办新闻发布活动人数的统计**

虽然新闻发布总体向好，但是问题依然存在，即便国办、国新办都在层层推动新闻发布，结果却并不尽如人意。在《意见》出台三年之后，国新办在2016年对77个中央部门和单位进行了检查，仅有14个部门完成了“4×2×1+*N*”的新闻发布要求。

另外，从发布议题来看，国新办的新闻发布以政务公开为首要内容，其间，“军务”“党务”在明确建立专职新闻发言人之前也早已参与到国新办发布活动。例如，2003年9月25日，中央外联部就曾介绍中国共产党对外交往的相关情况，此后，统战部、中纪委、中组部等部门纷纷就党务相关内容进行信息公开，直到中国共产党十七届四中全会决定中首次明确提出“要建立党委新闻发言人的制度”。2010 年 6 月 30 日，11 位党委新闻发言人集体亮相，我国新闻发布制度建设迈出了一大步。在全样本中，共有 35 场新闻发布涉及“党务”，虽然数量不是很多，但是整体来看，每年都会有涉及党务信息的议题。另外，2008 年年初有关我国南方雪灾的重大报道中，来自“国防部新闻事务局”的报道已初现媒体，但是军队新闻发言人的真正设立是在“5 · 12”汶川大地震期间，当时多家媒体都及时刊播“国防部新闻发言人”的救灾信息，“军务公开”快速起步，此后几年，关于军队的新闻发布会也多见于国新办的新闻发布平台。2015 年，关于介绍《中国的军事战略》白皮书的有关情况发布会、介绍阅兵准备工作的发布会，特别是 2017 年介绍中国人民解放军建设发展有关情况的发布会，受到了国内外媒体的高度关注，记者在现场提出的问题多达 15 个。这也意味着我国新闻发布制度“纵向到底，横向到边”的全覆盖构成理念在国家最高层次新闻发布平台上的实践。

### （二）新闻发布数量情况

从附图 2 可以看出，2003 年到 2013 年第一个十年内，国新办的新闻发布数量相对平稳，保持在 60 场左右，由于北京奥运会和汶川地震的缘故，2008 年的新闻发布活动出现峰值，而其他年份的发布场次并无突增猛降。从 2014 年到 2018 年，总体数量逐年攀高，特别是 2018 年幅度为历年最大，多达 109 场，一天两场的频率有 8 天之多，11 月 14 日连开 3 场发布会，半天时间两场发布会的密集程度在 15 年的新闻发布会历史上较为少见。

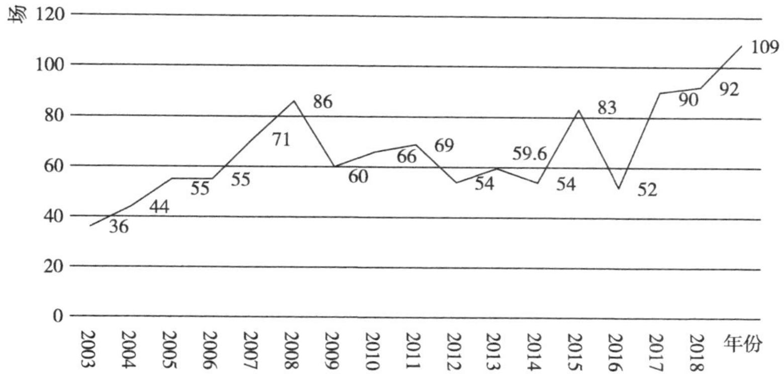


**附图 2 2003—2018 年的国新办新闻发布数量统计**

### （三）发布形式分析

通常来说，新闻发布活动的主要形式有新闻发布会、新闻通气会、背景吹风会、组织记者集体采访、新闻公报和声明、官方网站发布、新媒体客户端发布以及电话、传真邮件答记者问等，这些不同的新闻发布形式在正式性、灵活性和操作性等方面有不同的适用范围。新闻发布会按发布方式可分为三种：一是自主发布，即由新闻发言人出面，定时、定点举行发布会，如外交部、教育部、卫生部、国家统计局、上海市政府新闻发言人定期召开发布会回答记者提问；二是搭台发布，即由各级党委、政府的新闻发布机构定期或不定期邀请不同业务部门有关负责人或新闻发言人就某一个主题举行新闻发布会，国务院新闻办公室（中央外宣办）、国务院各部门（中央各部门）和各省市区党委、政府新闻发布机构举行的发布会大都属于此类；三是系列发布，是指各级新闻发布机构定期或不定期邀请不同业务部门有关负责人或新闻发言人就某一个主题进行组合发布，通常由与主题相关的、不同形式的数场发布活动共同构成，如中央外宣办策划、组织和实施的“建党 89 周年系列发布活动”“建党 90 周年系列发布活动”“十八大记者采访活动”“改革开放四十年采访活动”均属此类。

通过考察，国新办的新闻活动形式主要有专场新闻发布会、吹风会以及集体采访三种，这三种形式中又以新闻发布会形式为多，其策划组织新闻发布活动的形式也渐趋多样化。除了常规的搭台发布外，以 2004 年年底首次做年度总结为标志，国新办开始注重就新闻发布制度建设方面策划自主发布。另外，选取某主题进行连续信息发布的“系列发布”也多次出现。在考察时段内，有多次较为成熟的系列发布，如围绕汶川地震、青海地震、“非典”等突发议题，以及中华人民共和国成立、改革开放四十年等策划的常规议题都组织系列发布，从多角度解读议题的不同方面。

### （四）发布议题的内容分析

在塑造“阳光政府”形象的过程中，国新办的新闻发布成为外界认识中国的一个重要窗口，发布议题的内容更加丰富，关涉国计民生的方方面面，不仅包含国家中长期发展规划等宏观议题，也有对当前热点事件的分析解读。笔者将发布内容的一级议题首先分为常规议题和突发议题，两类议题下又可细分为八小类，分别为：

1. 总结汇报。发布主体着重介绍本组织部门在一段时间内所取得的工作成效，一般偏向成果汇报，如近年来中国妇女发展状况、近年来中国民航改革和发展情况。

2. 文件数据发布。此类议题内容常常结合公报、条例、白皮书的最新发布情况召开新闻发布会，进而就发布背景、发布意义以及发布成效等方面进行介绍。另外，季度、半年以及上一年的经济运行和安全生产、普查类数据等的信息发布也归为此类。

3. 热点回应。主要包括当前舆论关注焦点的回应、突发事件中的信息披露，以及社会民生领域中的最新进展，如春运安排等。

4. 自我监督。主要指发布主体就所在部门在某项制度颁布后的落实情况，以及事件发生一段时间后对其的总结、评估，也包括质检部门对事故处理情况的通报。

5. 形势、政策解读。此类议题常常用到新闻吹风会的形式。2003 年以来，每年年初对 1 号文件的政策解读成为该议题类型的典型代表。另外，对宏观经济形势的分析和最新出台文件的解读也成为常见内容。

6. 纪念性活动，特指就某一主题的几周年、第几届、第几次活动的前期策划筹备进行介绍，并答记者问。

7. 国家重大工程、重大活动。该类议题与体育和科技的联系更为紧密，如就“神舟飞船”进行的系列发布，以及奥运会、残奥会和青奥会等举办的新闻发布。

8. 其他。特指在考察范围内，十余年来很少就这类议题进行重复策划，其中有几场新闻发布会专以介绍本部门工作职责为主要内容，发布效果以部门的“祛魅”为旨，将“幕后”的运行部门推向前台。

从附图 3 可知，国新办平台上的新闻发布总结汇报性质的议题最多，为 294 场，而且发布内容多为介绍近年或者近期取得的工作成果，偏向正面。文件数据议题发布场次数量次之，其中有关白皮书的新闻发布值得注意，从 1991 年中国发表第一份白皮书以来，平均每年都有 3 至 4 部白皮书发布。白皮书的发布反映了中国与世界的关系正在发生深刻变化，政府通过白皮书的方式来回应国际上对中国一些政策的了解。而在国新办的发布会上，每年至少会有一部白皮书通过该平台向国内外公布。热点回应类的议题包括回应常规性的热点问题和突发性的热点问题，就答记者问部分来说，对常规性热点问题的提问偏向于将近期某一个个案和发布的议题内容结合起来，而对突发性的热点问题来说，媒体的提问都在发布框架内。排名第四的发布议题为当前形势与新政策的解读。从 2004 年起，中央财经领导小组连续十年对 1 号文

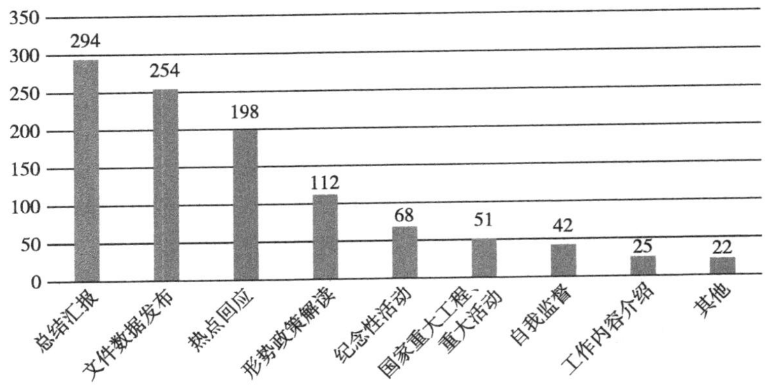


**附图 3　2003—2018 年不同类型议题的发布情况**

件的解读成为国新办平台的重头戏。另外，国新办也注重策划举办关于国家重大活动或重大工程议题的发布会，从发布实践来看，体育和航天事业是重要内容。

综上所述，国新办新闻发布议题呈现出三个鲜明特点：第一，紧紧围绕政府重视、公众关心和媒体关注的重大事件、热点问题及突发公共事件组织发布会；第二，以政务公开经验带动党务和军务公开，邀请党中央和军队有关部门负责人出席发布会；第三，配合有关重要活动、重要会议的举行及重要白皮书的发表举办新闻发布会。

### （五）话语的传播者分析

2003 年以来，有些媒体已成为国新办新闻发布活动的“常客”，并成为传播权威声音的渠道。在样本分析范围内，所有在发布活动中进行提问的记者所代表媒体机构的分布情况，大陆媒体是所有议题参与最为活跃的媒体，占到总数的一半以上，其中“国”字号的主流媒体又成为大陆媒体中的主要部分；外媒提问的数量次之，其中不但包含较大的国际通讯社，如美联社、法新社；也有知名度较高但总体出席次数较少的媒体，如半岛电视台；还有偶然到场的外媒，如《苏黎世报》《印度教徒报》；港澳台媒体虽然并不是场场提问，但是活跃度较高；另外一类媒体记者无法确认所在媒体。

发布会现场的“提问权”一部分来自发布会主持者，也有很大一部分决定权在于现场记者。来自不同媒体机构的记者是否踊跃参与提问是衡量发布会是否成功，以及该议题以何种角度在媒体上呈现的重要因素。内媒在发布会现场保持较高的“被点名率”，相比于外媒和港澳台媒体，更大的提问权交给了大陆媒体，并且在1076场新闻发布中，将近一半的首要发问权都是CCTV，呈现出明显的选择偏向。另外，发布者和现场记者的问答保持在平均8个问题，发布者与媒体互动最多时，发布者在100分钟内能够回答16个问题。

## 二、反思制度症结与未来的发展思考

我国新闻发布制度本质上是向西方学习公共外交与公共关系的宣传规律，并由突发公共卫生事件倒逼而迅速走上快车道的。纵然如此，它同样承载着我国执政者的现代政治理想，并在国家走向对外开放的过程中努力形塑阳光、民主的政府形象，国家最高层级的新闻发布逐渐走向常态化，模式和策划手段愈加成熟。然而这种价值层面的追求在实践中却屡遭瓶颈，信息传播效果偶被诟病，其中因由和矛盾值得反思。

瓶颈之一：政治话语系统颠覆了传统认知，价值和事实“二分”。

这种“二分”认为，如果一个判断是价值判断，它就不是事实的陈述，而是主观的。反之，如果是关于事实的判断，它就不包含价值的内容。民主法治与实践运作也从来不是价值与事实两张皮，现代新闻发布制度所蕴含的双赢思维与主体平等理想在实践中确有彰显，但是极力融合二者的道路却很漫长。

20世纪以来，科学话语替代了宣化话语，这种转换是将后者换成了中性的技术话语，用传播效果、公关管理等去政治化的科学话语代替了意识形态教育。我国也赶上了这股潮流，用“信息传播”逐渐代替“宣传”，在某种程度上这是中国民主政治改革的巨大进步，它同时标志中国正在由一体化的宣传观念向社会科学的宣传观念过渡。通过中性方式悬置政治选择并不必然意味着强化传统宣传话语中的权力，关键是能否真正尊重个人，如果不能这么做的话，仅引入这种新的宣传观念，并不能从根本上解决社会矛盾。

有学者认为，中美两国政府信息公开存在本质不同，前者属于办事制度型公开，后者属于权利型公开。办事制度实际上是政府的“单方允诺”，公开内容、公开方式、公开对象等很大程度上依赖政府的意愿，如果政府拒绝公开某些信息，公众缺乏有效的救济手段。

瓶颈之二：法律体系存在设计缺陷。

我国政府在2011年曾正式宣称“中国特色社会主义法律体系已经形成”。

我国政府信息公开的法律体系是以《政府信息公开条例》为专门法，以《保密法》《档案法》《统计法》《安全生产法》《突发事件应对法》等相关法律法规中的有关规定为补充体系。我国的《政府信息公开条例》作为专门规制政府信息公开的专门法，仅是一部行政法规，其法律效力低于配套法律，当与上位法发生矛盾时，只能遵从上位法，不能发挥其政府信息公开基准法律规范的作用。2008 年 5 月 1 日实施的《政府信息公开条例》虽然明文规定了政府信息公开的范围、方式与程序、监督和保障等内容，但是由于其过于倾向原则上的规范，并不能十分有效地作用于实践，并且往往会受到上位法《保密法》的制约。实施至今，政府一直在公开信息，然而预期效果时常受到学界和媒体甚至引发社会公众不满。“条例只是一个行政法规，应该提高对政府信息公开条例的层级，提升为法律，对不公开的情况要标示清楚”，只有这样，信息公开流于形式的问题才能彻底解决。

党的十八大后，新一届政治领导集体将“推进国家治理体系和治理能力现代化”作为全面深化改革的总目标，与历届政府对信息公开精神一脉相承的是“完善党务、政务和各领域办事公开制度”。面对新的政治和社会语境，我们依然面临如何突破新闻发布制度化建设的瓶颈，从以下几个方面思考或有裨益。

1. 从法律的高度建设新闻发布制度。“要想获得公正，就必须首先获得中立无偏私的权威，而法律就是一种中立而无偏私的权威”，不能以部分网民的非理性、情绪化表达作为判断制度公正与否的标准。“王勇平”已经成为中国新闻发布制度历史上一个不可抹去的符号，2011 年去职，即便官方用了“平级调动”的体面说法，但不可否认其中“言论不当”的因素。多年以后，媒体和学界也相对理性地开始反思究竟是发言人出了问题，还是新闻发布制度出了问题。

2003 年，国务院公布《突发公共卫生事件应急条例》。2007 年 8 月 30 日，国家主席签署第 69 号主席令，《突发事件应对法》得以正式公布，从“法规”升格至“法律”用了不到 5 年的时间。“王勇平”事件至今，发言人逐渐淡出了人们的视野，“不敢说、不愿说、不会说”现象严重，然而新闻发布制度依然需要坚持下去，制度的保障归根结底还要从法律角度来认识。因此，尽快制定《信息公开法》，从法的高度赋予政府信息公开权利与义务也成为当务之急。

2. 完善“党政军”三位一体的新闻发布体系。作为政府的传播行为，政府新闻发布行为天然地具有发布政府信息和联系沟通政府、公众的职能，具有政府信息公开主渠道和政府公共关系重要手段的双重属性。延伸开去，我国“党政军”三位一体的新闻发布体系也是政党和军队对外发布信息、塑造良好形象的重要渠道。

结合国新办的新闻发布议题来看，十余年的新闻发布以政务公开为首要内容，然而其间，“军务”“党务”在明确建立专职新闻发言人之前，也早已参与到国新办发布活动中，这表明我国新闻发布制度“纵向到底，横向到边”全覆盖构成理念在国家最高层级新闻发布平台上的实践，标志着我国新闻发布“三位一体”格局已初步形成。目前来看，政府新闻发布工作已逐步进入成熟阶段；党委新闻发布工作虽起步较晚，但也开始呈现良好发展态势；军队的新闻发布工作已取得一定成绩并开始形成了自己的特色，但在新闻发布的整体制度性建设以及新闻发布内容与形式上仍需进一步探索。

3. 注重“监测—策划—传播—评估”。从实际操作层面来讲，不管是突发事件的新闻发布，还是常规发布，都应当将舆情监测作为必备环节，这是发布主体进行新闻发布活动的参考指南。特别是随着互联网技术的迅猛发展和信息传播方式的深刻变革，任何一个新闻都有可能在网络上发生舆论地震，把握时机，及时回应舆论关切是新闻发布的切入口。因此，要依托大数据、人工智能等新一代信息技术，充分发挥智库的作用，在日常发布活动前或重大突发事件发生后，及时收集舆情信息，多渠道听取发布策划建议，拓宽发布活动思路，评估传播效果并及时做出反馈，使新闻发布成为一个有机的动态链条。

# 后　记

本研究是在作者博士论文的基础上进一步的推动，经过拖拖沓沓的几年时间，本书终于即将付梓。掩卷细思，回顾十余年来的求学生涯和刚刚展开的学术图景，时常盘点自己的不足与收获，内心感慨万千。本书能够得以出版首先感谢我的博士导师孟建教授对博士论文选题的建议，孟老师涉猎学术领域颇广，研究视野包容性极强，并取得了质量和水平都非常高的成就。由于读博期间一直在孟老师的指导下做新闻发布评估工作，因此激发了我对新闻发布制度化进程研究的想法，事实上，本书中的很多观点是受到孟老师及其所带领团队智囊的激发。当最终决定做这个选题时，一方面对研究中国新闻发布制度这一重大议题感到兴奋，另一方面对能否可被经历、资历都不足的我去把握有时会到自我怀疑的境地，这一过程复杂到难以准确述说。我在整个写作过程中，时而会对某些观点论证中的自洽性感到力有不逮，时而对某个现实问题的些微推进心生欢喜。结果证明，现在摆在眼前这本不算厚重的著作依然有很多欠缺。带着困顿迷惑的我也常常扪心自问：这是一些贻笑大方的言论和观点吗？这些文字到底有多大意义呢？2013年我曾选修过复旦大学文史研究院葛兆光老师的课程，想起他对当前人文社会学科不断产生大量学术垃圾的批评言论时，更加感到惶然。在当前社会大转型的时代洪流面前，有很多问题既需要深厚的学术知识积累，也需要个体经验知识的积累，在这两者之中自己感觉积累的远远不够，与理想中的学者大家尚有渊薮之别。对本著的研究对象——中国新闻发布制度化进程来说，要将理论和经验实践有机地结合起来，还有很大空间可以拓展，因为相关的很多研究成果的思路和切入点纷纷藉藉，搜集到的经验材料所展示的侧面及其相互联系也不尽相同。不管怎样，这是笔者在政治传播领域的第一本著作，有很多不足之处，还需要深刻理解杜威在《我们如何思维》中提出的连贯有序、前后呼应、而非零碎大杂烩的内涵。以上种种，都需要在以后的学术生涯中孜孜以求、上下探索。

另外，还要感谢浙江传媒学院新闻传播研究院黄敏教授的鼓励和支持，没有他的“牵线搭桥”，也没有眼前这本拙著的面世。最后要感谢本书的编辑们，虽然素未谋面，但是在出版过程中多次的沟通和交流，让本人对你们的细心和专业精神倍加感激且充满敬意。